본격 한중일 세계사

17 을미사변과 황해 위기

초판 1쇄 인쇄 2023년 7월 26일
초판 1쇄 발행 2023년 8월 2일

지은이 굽시니스트
펴낸이 이승현

출판2 본부장 박태근
지적인 독자 팀장 송두나
편집 김광연
디자인 신나은

펴낸곳 ㈜위즈덤하우스 **출판등록** 2000년 5월 23일 제13-1071호
주소 서울특별시 마포구 양화로 19 합정오피스빌딩 17층
전화 02) 2179-5600 **홈페이지** www.wisdomhouse.co.kr

ⓒ 굽시니스트, 2023

ISBN 979-11-6812-646-6 04900
      979-11-6220-324-8 (세트)

17 을미사변과 황해 위기

굽시니스트 글·그림

위즈덤하우스

머리말

이번 권의 표제 '을미사변과 황해 위기'에서 을미사변은 명성황후가 살해당한 사건이지요. 이처럼 간략한 세계사 연대기의 표제들을 쭈욱 훑어 내려가 보자면, 뭔가 사람 죽어나간 사건들이 반 이상을 차지하고 있는 것 같습니다. 전쟁, 혁명, 반란, 학살, 암살, 기근, 역병, 재해, 사고 등등 사람이 좀 죽어야 역사의 신이 움찔하면서 핸들을 움직이고 엑셀을 밟는 모양새입니다. 간단하게 생각해봅시다. 세상을 바꾸고자 하는 의지를 관철하기 위해서는 이에 반하는 다른 의지를 꺾어야 하는데, 이때 가장 직관적이고 효과적인 방법은 다른 의지를 가진 사람들을 죽이는 것이겠지요. 다른 의지를 가진 사람들을 죽이든, 다른 의지를 가진 사람들에게 죽임당하든, 그런 과정에서 세상은 의도한 방향이든 의도치 않은 방향이든 어떤 방향으로든 꿈틀거리게 되고, 그것이 역사의 이정표로 기록됩니다. 의지의 충돌, 의지의 관철- 끝없는 전쟁과 혁명, 반란과 학살, 암살과 처형들이 빚어낸 죽음을 잉크 삼아 작성되는 연대기라니 정말 ㅎㄷㄷ하군요. 역사상 대부분의 시기, 힘과 죽음은 의지의 관철을 위한 가장 합리적이고 효율적인 수단이라 여겨져왔고, 그 절정은 역시 근현대사가 아니었나 싶습니다.

이 만화의 큰 부분은, 잔혹한 근현대사의 무대에서 그 게임의 룰을 신봉하며, 근대성을 곧 압도적인 힘으로 삼아 의지를 관철하는 데 아낌없이 쏟아부은 이들의 이야기라 할 수 있습니다. 배후의 과학과 산업, 국민 동원력이 그 힘에 근대와 합리의 신화를 부여했지요. 그렇게 전개되는 역사야말로 이미 정해진 메인 스토리라 여기는 이들이 만들어가는 이야기. 불행히도 이 땅의 사람들은 그 힘이 행해지는 대상 쪽에 놓여 있었습니다.

이후 어찌어찌 스토리가 스펙터클하게 진행되어 20세기 지옥도- 세계대전을 비롯한 전쟁들과 각종 학살들을 겪어보니, 의지의 관철을 위한 죽음의 규모, 인간성 상실이 누가 봐도 뭔가 좀 아니다 싶은 레벨에 이르렀지요(이로 인해 탈근대가 논해지기도 했고). 오늘날 우리는 의지의 충돌을 살인이 아닌 좀 더 세련된 솔루션으로 풀어보자는 걸 기본 규칙으로 삼은 세상에 살고 있습니다. 물론 그런 것치고는 여전히 세상 여기저기에서 전쟁과 내전, 학살과 암살이 계속되고 있긴 하지만, 적어도 이를 극복해나가자는 것을 인류 보편의지로 삼고 있지요. 그렇습니다. 오늘날 우리 문명사회가 강력히 관철하고자 하는 '의지'는 더 이상 힘과 죽음을 문제 해결 수단으로 삼지 말자는 것입니다(이에 반대하는 의지를 꺾기 위해 결국 힘과 죽음을 수단으로 삼을 수밖에 없는 역설 어쩌고 하는 이야기는 일단 제쳐두고). 어느 정도 규모와 체계를 갖춘 국가들 간의 갈등은, 전쟁이 아닌 다양한 국제적 중재와 협의로 풀어갈 수 있는(또는 한없이 유예할 수 있는) 시스템이 어느 정도 자리 잡혀 있습니다. 국내의 정치적 갈등은 제도권 정치의 룰 안에서 선거와 투표, 여론의 향배에 따라 승부를 내도록(또는 몇 년 단위로 공수를 교체하는 책임 미루기 게임을 하도록) 하고 있지요. 오늘날 우리의 '현대'는 그런 룰을 가진 근대라고 여겨집니다. 좀 엉성한 느낌도 들지만, 원래 사람 사는 게 다 엉성한 것인데 그 총합인 문명이 엉성하지 않을 까닭이 없겠지요.

이렇게 되어놓고 보니 일각에서는 역사라는 드라마의 스토리가 20세기 후반 이후 너무 루즈해졌다, 스토리 진행이 더디다, 뭔가 해결되는 게 없다− 등등의 이야기도 나오고 있습니다. 그래도 역시 스펙터클하고 흥미진진한 역사 스토리의 전개 과정에서 일가족이 총살당하는 것보다는, 미적지근하고 답답한 세상에서 재미없는 일상을 살아가는 편이 훨씬 낫겠지요. 그렇게 함께 계속 살아갈 수 있으면 좋겠습니다.

2023년 7월
굽시니스트

차례

제 1 장

블루오션

아아;; 그 조선 임금에게 300만 엔 추가 투자 약속 내지른 거 어떡하지;;

1895년 9월 1일, 미우라가 서울에 착임하고 이노우에는 2주간 인수인계의 시간을 갖는다.

뭐, 그건 제가 각하 체면 안 상하게 잘 캔슬하겠습니다.

그 밖에 조선 정치 주무르겠다고 조선 정치인들에게 이런저런 밀약, DM 지른 것들 많은데, 그것도 내 체면 안 상하게 잘 처리해주시오.

늬예~ 늬예~ (아무 생각 없음)

아무튼 내가 그간 Good Cop 역할 했으니, 이제는 너님이 Bad Cop 역할 소신껏 잘 수행해주기 바라오.

아, 예, 뭐, 조선인들은 전혀 Good Cop이었다고 생각 안 하겠지만요.

그렇게 여차저차 불초
미우라가 조선 공사를
맡게 되었사옵니다.
변치 않는 우의를 위해
노력하겠습니다.

…미우라…미우새…
미우미우…

근간 아국 내각의 교체와
외교 여건의 변화로
귀국 정부에서
섭섭하게 여기는 부분이
없지 않겠습니다～

어휴,
알빠無이옵니다～

그렇게 망친 판이니,
번벌정부에서 버리는 카드로
재야의 소인을 조선 공사로
보낸 것 아니겠습니까?

번벌놈들의 섭섭함은
제 기쁨이죠.

그러니 소인도
번벌정부를 위해 뭘 열심히 할
생각 따위 없습죠.

그저 공사관에 처박혀서
염불이나 외고,
가끔 인사동에서
귀한 불경이나 찾아보며
유유자적하렵니다~

······

저런 음습한 허허실실 작전은
우리 아빠가 개 잘했지···

철저하게 감시하고
경계해야지요.

박영효도 날아갔고,
갑오, 갑신파도 분쇄되었고,
이제 무슨 카드를
쓸 꿍꿍이려나~

아, 카드는 무슨 카드요.
불경 암송 카드나
열심히 외운다고요~

남묘호랭계교~ 남묘호랭계교~

진짜로
공사관에 틀어박혀서 염불만
열심히 외우고 있는데요?

일본 공사관 들락거리는
조선 인사도 없고.

낭녀호랑개교~

일본인들이
일본 공사관 들락거리는 거야
뭐, 당연한 거고…

불경 스터디한다던데.

…동원 가능한
장사들에 대한
브리핑.

조선 궁내부 고문
오카모토 류노스케

1등 서기관
스기무라 후카시

공사관 안에서는
일본 인사들이 모여
불경 스터디를
이어가고 있었으니.

중의원 의원
도카이 산시

《한성신보》 사장
아다치 겐조

조선에서 활동을 이어온
저희 장사들- a.k.a. 조선낭인의
간략한 개황을
브리핑하겠습니다.

조선낭인 다케다 노리유키

맨손의 지사들이
천지개벽의 혼란을 틈타
부와 권력을 얻는
격변기는 일본에서는
이미 시즌 오프다!

조선낭인의 정서적 배경에 대해 논하자면,
예전에 저희 동료 스즈키 덴간이
1893년 베스트셀러 《입신문답》을 통해
솔직히 까놓고 말한 바가 있습니다.

《26신보》 주필 스즈키 덴간

이미 삿쵸 번벌 라인이
성골, 진골로서 권력을 독점하는
시스템이 fix된 일본에서

제2의 유신지사를 꿈꾸는
지망생들은 시대를 놓친
돈키호테들일 뿐.

아, 출세하고 싶으면
이제 노오오오력해서
도쿄대 가라고!!

#!@# 때와 장소
로또 뽑은 놈들이
개소리를.

출세 꿈나무들은 이제 레드오션
일본을 과감하게 벗어나
대륙의 블루오션으로 뛰쳐나갈지니!!

지나로!!
조선으로!!

그 땅들의 격변기는 이제
시작되려는 참이다!!

그리고 스즈키 덴간은 스스로
앞장서서 부산으로 건너갑니다.

이 시기 규슈의 청년들이
조선으로 우르르 몰려가는
플로우가 있었지요.

사족 반란의 땅-
반역향 규슈 청년들의
일본 내 출세길은 좀
암담했거든요.

1894년 당시 1만여 명의
조선 체류 일본인 중 절반 이상이
부산에 체류하고 있었고.

부산은 뭐, 웬만한 일본 항구도시보다
더 일본스럽게 번성하기 시작할 참.

그런 부산에
저 출세 꿈나무
백수들이 꾸역꾸역
밀려들고.

어;; 음;; 외국 나갈 때
총, 칼 못 들고
나오게 되어 있지 않나;;

대장부로 태어나
큰일 한번 해보려고
바다 건넜습니다!

아니, 그보다
저 백수놈들
뭐 먹고 삶?

이들은 약상자를 메고
행상 노릇을 하며
조선 팔도를
헤집고 돌아다니고.

동포들에게 건강식품
강매 같은 거 해서
자금을 마련하죠.

여러분의 구독과 좋아요가
애국청년들의 웅비에
소중한 발판이 됩니다!

정부가 못 하는 일을
애국청년들이
해냅니다!!

조선 르포를 일본 언론에
기고하고, 전속 계약
프리랜서 기자, 유튜버로
활동한다.

이들과 끈이 닿는 일본 본토의
자유당계 조직들─ 겐요사 같은 데서
프로젝트 자금을 지원해주기도 하고.

번벌정부에 대항할 자유당계
근거지를 일본 외부에
만들 수 있을지도?

부산, 인천 등의 개항장
상인들이 자경단 지원금을
내주기도 하고.

이게, 야쿠자 보호비랑
다를 게 뭐냐…

그런 조선낭인에게
동학농민운동 발발은
기다리고 기다리던
격변기 오프닝 신호탄.

붉은 노을 한울에 퍼져♪
핍박의 설움이 받쳐~♬

이 황건적의 난 흐름을
타면 우리에게도 천하
거물로의 길이!!!

다케다 노리유키와 스즈키 덴간 등은
부산에서 천우협을 결성.

이제 우리 조선낭인
세를 규합해서
동학농민군과
동맹을 모색한다!

천우협 조선낭인 10여 명은
1894년 6월 30일,
창원에서 일본인 금광 사업가들을 감금하고
무기와 다이너마이트를 탈취해 호남行.

미친놈들 아녀?!

이 다이너마이트라면
동학당과 협상할 물건이
될 수 있겠지.

민씨네와 청군은
우리 공통의 젝!

동맹 맺고
광화문으로
진격 ㄱㄱ!

7월, 천우협 조선낭인들은
전봉준과의 회견에
성공하긴 하지만―

뭔; 몽상가 열댓 명이
몰려와서 거창한
개소리를 늘어놓누;…

딱히 얘기가
진행될 순 없었고.

결국 청일전쟁이 진행되면서
천우협 활동은
군속 보조 수준으로 제한되고.

아오; 경복궁은
우리 조선낭인들이
먼저 치려고 했는데;

천우협의 여러 강도 행각들 때문에
주요 인원들이 체포, 일본으로 추방되며
천우협은 흐지부지 와해됩니다.

하지만 그간의
활동 노하우, 조선에 만든 인맥,
걸어다니는 조선위키−
이런 자산이 우리 천우협 계열
조선낭인의 가장 큰 가치입죠.

○○, 그간
청춘 낭비 한번
거하게 했구먼.

그 외 구마모토 조선낭인들은
수도권으로 몰려와
우리 《한성신보》의
인맥 관리 아래 놓여 있습죠.

기자도 있고,
행상인도 있고,
유학생도 있고,
시인도 있고.

구마모토 사람들이
제일 많다고요!

하이~ 하이~
조선낭인들의 청춘과 꿈,
보이스 be 엠비셔스
잘 알겠는데요,

제대로 된
조선인 프로브들이
앞장서주지 않는다면
진행될 수 없는 일.

조선 군부 고문
구스노세 유키히코 중좌

어쩌고저쩌고해도
우리는 결국 조선에서
외국인이외다.

그 부분이라면
염려 마십시오!
에이스들이 까리하게
준비 중입니다.

아, 맞다.

그 훈련대놈들,
다 박영효 똘마니에
일뽕들인데, 빨리
해산시켜야지요.

ㅇㅇ, 이번 주 내로
싹 다 처리할 테니
걱정 ㄴㄴ요~

 굽씨의 오만잡상

이 시기 규슈 출신들을 주축으로 하는 조선낭인들의 전말과 사상적 배경은 강창일 교수님의 《근대 일본의 조선침략과 대아시아주의》에 훌륭하게 설명되어 있습니다. 사실 강창일 교수님은 그 호칭과 관련해 '교수님'보다는 '의원님', 또는 '대사님'이 더 적절한 부분이 있다랄까요. 여하튼 저 《근대 일본의 조선침략과 대아시아주의》를 논문으로 도쿄대학 대학원에서 동양사 박사학위를 취득한 강창일 교수님은 역사가로서 제주도의 아픈 역사를 추스르는 작업에 앞장섰습니다. 그러다가 해당 지역 국회의원으로 나서 내리 4선에 성공하는 중량급 정치인이 되었지요. 정치권 최고의 일본 전문가로 인정받아 2021년에는 주일 대사로 착임하게 됩니다. 뭐, 그 시기 한일 갈등 악화로 주일 대사 자리가 마음 편한 자리는 아니었겠지만, 일본학 연구자 입장에서는 성덕의 극의를 이뤘다랄 수 있겠습니다.

제 2 장

세팅

정말 이놈의 헬조선,
한 번 제대로 쓸어버리지
않으면 가망이 없습니다.

훈련대 1대대장
우범선

2대대장
이두황

군부 고문
구스노세 중좌

군대 근대화 시작을 위한
별기군 시절부터 계속
군문에 종사하며
노력해왔지만,

저들에게 근대 군대는 그저
민씨 정권 옹위 게임을 위한
장기말일 뿐이더군요.

능력도 비전도 없는 민씨
애송이들이 쥐락펴락하는
병정놀이 장난감일 뿐이죠.

더군다나 이번에 박영효의 불궤사건으로
이에 엮인 훈련대는 박살 나게 생겼습니다.

아오, 총이라도
한 방 쐈봤으면
억울하지나 않지;;

2대대장 신응희는
박영효와 함께
일본으로 튀었고.

두황이, 일본군이랑 신나게
동학당 토벌 다니면서
아주 친해졌다며?

그리 빈 2대대장을 내가 맡게 된 건,
친일파로 찍힌 나님을 이 훈련대와 함께
짬처리하겠다는 의도가 분명하죠…

박영효가 날아갔는데
훈련대가 무사할 리 없지;;

오늘부터 이쪽 성문은
훈련대 구역 아님.
철수하쇼.

잉?

그리고 과연 슬슬 경무청에서
훈련대의 활동을 옥죄어오기 시작.

아, 무기고
열쇠도 놓고 가시고.

어디,
짭새 나부랭이가
엘리트 특수부대에
시비터누?!

그 와중에
도성 내 곳곳에서 경관들과
훈련대 병사들의 충돌이 빈발.

백성은 훈련대가 변란을
일으킬 것이라 수근거리며
두려워하고 있지요.

진짜,
그 변란이라는 거
꼭 지르고 싶습니다!!

OO, 바로 그런
스피릿이외다!!

국가 대개조의
거사를 함께 지른다!
우리는 동료!

근데 이거 수박에
씨가 너무 많네요.

가을수박이라
그런가?

마포구 공덕동
대원군 별장 아소정.

So,
이번에 다시 한번
종묘사직을 위해
나서주십사…

크으음…
작년에 일본 공사관에서
나 실각시킨 건
벌써 까먹었는감?

궁내부 고문
오카모토

서기관
스기무라

작년 동학당 봉기 때,
대원군 측은 동학당의
서울 진공을 틈타
요인 암살을 획책.

(법무협판
김학우 암살만 성공)

이후 일본 측의 압력으로
대원군과 이준용 축출.

그런데 청일전쟁이 끝난 올 4월,
경무청에서 이준용을 체포한다.

크악! 무도한 놈들아!!
임금의 큰조카를
개처럼 끌고 가는 법이
어디 있느냐!!!

할아버지!!!

일본놈들이
안전 보장했잖나?!

이준용의 체포는
윗전의 뜻이었고—

어명을 받들어
역적 수괴의 입을 열기
위해 수단과 방법을
가리지 않겠사옵니다~

아니, 서대감!
미국에서 이런 거
배워 오셨소?!!?

근왕 정동파의 일원이 되려고 애쓰던
법부대신 서광범은 임금 부부의 환심을 사기 위해
(고문을 포함해) 이준용을 가혹하게 문초.

폐하께서 조용히
숨만 쉬며 살라고
은혜를
베푸셨습니다.

그렇게 두들겨 맞고
강화도에 유배되었던
이준용은 얼마 전에야
간신히 사면받을 수 있었던 것.

…치가 떨리게
고맙다고 전하거라…

이거, 애 몰골을 보소!! 조선 최고위 왕족을 이리 초주검을 만들어놓다니!!

어; 아뇨;; 그 정도까지는;;

So, 합하께서 다시금 왕실의 도리를 바로 세우기 위해 뜻있는 이들과 함께 나서주십사…

아아, 이 무도한 처사를 어찌 그냥 넘어가겠습니까요!

한다! 내 무조건 한다! 광화문 도어락 비번도 알려준다!

아, 다만 약간의 협의는 필요할 것이온지라…

1. 일단 합하께서는 정무에 직접 관여치 말아주시고,
2. 김홍집-어윤중-김윤식의 개화 내각 트로이카는 유지.

대원군과 오카모토는 4개항 협의문 작성.

큰아들 이재면

3. 준용이 애비를 궁내부 대신으로 임명.

4. 이준용 공자께서는 향후 3년간 일본 유학. (섣부른 왕위 교체 시도 방지)

아, 근데 길준상은 어느새 대원군 라인!?

유길준

ㅇㅇ, 합하께도 글로벌 인재가 필요하시니 말입죠.

그 밖에 김홍집 등의 내각 인사들에게도 어느 정도의 언질이 있었던 것으로 추정.

이번에 어찌어찌 정권을 한 번 갈아엎게 될 것 같으니, 이후에도 잘 부탁드립니다.

아;; 뭐, 정변 후의 얼굴마담 역할은 이제 익숙하니까…

그렇게 조선 쪽 병력과 요인 섭외가 순조롭게 진행되었습니다.

음, 조선 쪽 사람들에게 디테일하게 다 일러줄 필요는 없고요.

이제 우리 병력 세팅만 하면 되겠군요.

본국 외무성에 병권 요청.

…서울 주둔 일본군의 작전 지휘권을 소관에게 위임해주실 것을 청드립니다.

엥? 이 뭔 개소리여?;

(폐병으로 누운 무쓰를 대신하는)
**외무대신 대리
사이온지 긴모치 후작**

이 재야의 미친개가
뭔 개수작을 벌이려고…
절대 불가!!

워~; 이 껀은 이미
미우라 공사에게 전권
위임하기로 다 얘기된
것이니 쓰루해주세요~

육군 쪽과도
다 합의된
사항이고요~

아니,
대체 뭔 일인지는
얘기해주셔야…

아아, 사이온지 공께
저런 똥물, 살짝이라도
튀는 건 아니 될 일.

고결한 이들만이
이룰 수 있는 대업을 위해
꽃길만 걸으셔야 합니다.

예비역 중장
미우라 공사 각하!
뭐든 명령만
내려주십쇼!!

그렇게 서울 주둔 일본군
1천 명의 작전 지휘권도
미우라에게 이관되고.

서울 주둔 일본군 지휘관
마야하라 쓰토모토 소좌

…이제 마지막으로
이 거사의 큰 그림을
짚고 넘어가도록
하겠습니다.

조선의 강고한 민씨 척족 정권을
갈아엎기 위한 정변이
총 세 차례 있었습니다.

1882년, 구식 군대와 대원군이
왕비와 민씨네를 몰아냈죠.

임오군란!

하지만 청군의 개입으로
왕비와 민씨 정권은 곧바로
복귀했습니다.

대원군
납치!

이어서 1884년, 친일 개화파가
민씨 정권을 축출했는데—

갑신정변!

역시 청군의 개입으로 곧바로
민씨 정권이 복귀했습니다.

그리고 작년인 1894년,
일본군에 의해 민씨 정권이
축출되었지요.

하지만 올해 삼국간섭의 여파로
다시금 민씨 정권이 복귀하게 되었습니다.

결국 민씨 정권의 핵심,
가시박 뿌리 같은 에일리언 퀸-
왕비를 치우지 않고서는 근본적인
해결이 되질 않는다.

말인즉슨 왕비의
물리적 제거를 목표로
해야 할 것이다.

조선인들은 용렬해
결코 자기네 국모에
손댈 엄두도 못 낼 터이니,
이는 전적으로 우리 측에서
나서야 할 일이고…

물론 이 계획 자체도
일본 측 핵심 인원들만
알고 있어야
할 것입니다.

열강의 비난을 피하려면
이게 조선인끼리의
내부 궁정 사변인 것으로
그림을 만들어야 하고.

혹여라도 일본 정부가
꼬투리 잡힐 일이 없도록
정규군과 관직에 있는 자가 아닌
우리 측 프리랜서 장사들이
일을 맡아야 할 것입니다.

거사일은 10월 10일!
쌍십절이 길하다!!

뿌지직

제2장_세팅

031

짭새들
건방제!!

그런데 10월 6일,
훈련대 병사들의
경무청 습격 사건이 터지고.

크악! 이게 그
소문의 훈련대
변란인가?!

콰 큭 롸콰

이에
10월 7일 새벽 2시.

현 시간부로
훈련대 해산을
명한다!

전격적인 훈련대 해산 하교.

이 야심한 시각에
이리 전광석화처럼 해치웠으니,
일을 꾸미던 자들이 있었다 해도
어쩔 도리가 없을 것이오~ㅎ

영명하십니다~

제 3 장

을미사변

10월 7일, 훈련대 해산 소식이
일본 공사관에 알려지고.

훈련대 해산으로 우리 애들
이제 다 백수 됩니다!!

헐!!

거사 시간을 앞당겨!!
오늘 밤~내일 새벽으로
결행한다!!

훈련대 해산으로
인한 병사들의
반발을 간판 삼아.

10월 7일 16시,
일본 공사관에서
최종 미팅 진행.

저;; 분위기 좀 이상하던데
별일 없는 거죠?

○○, 조용히 무탈하게
숨만 쉬며 지내는 게
최고지~

19시, 미우라는
공사관 직원 회식 참석.

해군 무관
니이노 도키스케 소좌

우치다 사다츠지 영사

외무성 정규 직원 등 공사관의
여타 인원들은 거사에 대해
전혀 모르고 있었다.

그러고 21시경,
일찍 잠자리에 든다.

상남자 특 : 천하 폭거
지시해놓고 일찍 잠.

파성관조가 경복궁 북쪽에서
건청궁으로 직접 돌입,
참수작전을 맡는다.

23시,
명동 일본인 거류지의
여관 파성관에서는
낭인들이 대기하며 술자리 진행.

중의원 의원
도카이 산시

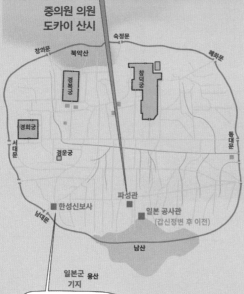

한성신보사조는
대원군을 호위해 데려와
광화문을 들이친다.

한성신보사에서도 낭인들이
야식을 먹으며 대기 中.

《한성신보》 사장 아다치 겐조

10월 8일 0시.

시간 되었다! 대원군 처소로 출동!!

한성신보사조 낭인 30여 명이 마포의 대원군 별장을 향해 출발.

중간에 용산에서 오카모토 류노스케 합류.

조국 근대화의 기수가 되어야 할 우리 훈련대가!! 이리 허무하게 바스라져야 하겠는가?!

같은 시각, 훈련대 난병 집결.

가자! 경복궁으로!!

군사혁명 ㄱㄱ!!!

훈련대 난병과 함께 서울 주둔 일본군 병력도 광화문과 경복궁 북쪽 방면으로 전개.

작년에 이어 올해도 돌아온 경복궁 레이드!

그렇게 파성관 낭인단과
일본군, 이두황의 훈련대 병력은
경복궁 북쪽 문으로.

파성관 낭인단

일본군
(약 50~60)

문

훈련대 200

창의문

북악

창덕궁

일본군과 우범선의
훈련대 병력은
광화문으로.

경복궁

일본군 200

경희궁

훈련대 300

서대문

경운궁

파성관

한성신보사

일본 공사관

한성신보사 낭인단

남대문

공사관 순사대

아소정

남산

용산
일본군
기지

한성신보사 낭인단
30여 명과 일본 순사대는
마포의 대원군 별장
아소정으로.

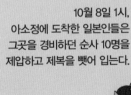

조선인들은
사이즈가 좀
크구먼.

10월 8일 1시,
아소정에 도착한 일본인들은
그곳을 경비하던 순사 10명을
제압하고 제복을 뺏어 입는다.

세탁해서
돌려놔라.

궁내부 고문 오카모토 류노스케가
대원군을 모시기 위한 마지막
교섭에 나서는데—

이제 궁으로 드셔서
나라의 근본을
정화하실 시간입니다.

이 거사의 대전제로
못 박아놓은 조건이 있었으니.

왕비 처단은 어디까지나
대원군의 의뢰로
이루어진 그림이 되어야 한다.
일본 쪽 책임 없어야 함.

So—
대원위 합하의 의뢰를 받들어
이제 왕비 처단에 대한
최종 해결책을 발동…

ㅈㄸ마떼! 지금
누구 의뢰로 누구를
처단한다고??!??!

걍 평범한 정변이 아니라
왕비 목 날리는 거라면
얘기가 다르잖아!!

나한테 무슨 똥을
뒤집어씌우려고?!?

아이고, 합하, 그게 아니라
대충, 그, 좋게 좋게
얘기해보시라고…

대원군이 표변해 일본인들과의
동행을 거절하니 시간이 지체되고.

아니, 광화문 앞에서 대기하며
서 있는 시간이 너무 긴 거 아닙니까?

어; 음; 대원군을 간판 삼아
광화문을 뚫고 들어가기로
작전이 짜여 있는데;;

왜 이리
늦지?;;

으악s#ㅂ;
저것들
뭐여;

광화문 앞에서
그리 웅성거리며 서 있는
수백 명의 군인은
곧 경복궁 시위대 측에
감지되고.

웅성 웅성 웅성 웅성우

훈련대 난병들과
일본군이 광화문 앞과
궐 북쪽 계무문 밖에
집결해 있습니다!!

으어; 어쩐지
훈련대 해산이
조용히 넘어갈 거
같지가 않더라;;

10월 8일 2시,
경복궁 시위대 지휘부에
이상 동향이 보고되어
비상 상황 돌입.

시위대 참령 이학균   부령 현흥택

국왕 처소인 건청궁 수비에 최우선을 기한다!

어, 올 디펜스 King's 베드룸~

이학균이 다이 장군의 통역을 맡아 명령을 전한다.

시위대 대장 다이 장군

이에 시위대 병력 300명이 북쪽 건청궁 수비에 배치된다.

불만분자들이 결국 일본군과 손잡고 경복궁으로 쳐들어가는 모양입니다!!

난병이 된 훈련대의 대장인 홍계훈에게도 상황 보고.

이 반란군놈의 쉐끼들; 내 지금 마차를 몰고 가서 머리통을 다 날려버리겠어!

너네 이거 반란인 거 알지?;
지금이라도 해산하면
없던 일로 해주마!!

10월 8일 3시, 홍계훈은
충성파 훈련대 병사들을 이끌고
광화문 앞으로 달려가
난병들과 대치.

민씨네 따까리
말은 신용이 없소!

큿, 우범선 이 쉐끼,
사람 이름이 어떻게
우범;

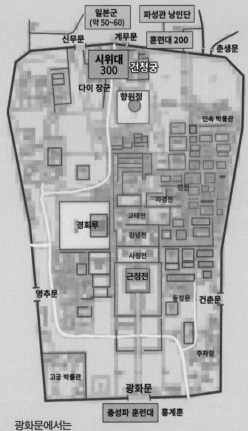

일본군
(약 50~60)

파성관 낭인단

신무문

계무문

훈련대 200

춘생문

시위대
300

건청궁

다이 장군

향원정

그렇게
4시 넘어서까지
북쪽에서는 계무문을
사이에 둔 대치가,

민속 박물관

연전

자경전

교태전

경회루

강녕전

사정전

근정전

동정문

건춘문

영추문

주차장

고궁 박물관

광화문

충성파 훈련대

홍계훈

광화문에서는
충성파 훈련대와
훈련대 난병들·일본군의
대치가 이어지고.

일본군 200

훈련대 300

4시 30분,
임금도 상황을
보고받고 대처에 나선다.

서양 공사관들에 상황
알려서 도움 요청하고,
미우라 공사한테 연락해서
병사 물리고
말로 해결하자고
전하도록.

하, 궁궐 털리는 사변,
이걸로 몇 번째냐…;;

아오, 대가리인 박영효를
날렸어도, 훈련대놈들이
기어코 일을 지른 겐가…

일단 패닉룸으로
드시옴이…

군란 때처럼
탈출해야 하나…;

아니, 이제 5시고,
날 밝아오기 시작할 건데
대원군은
언제 오시는 게요?!

이거 불법 반란이야!!
해산 안 하면 실업급여 없다!
고용승계도 안 해준다!

홍계훈

어; 음,
이제 거의 다 왔다고…
이제 세종대로 지난대요;

결국 3시간의 실랑이 끝에
어거지로 가마에 실려
끌려오고 있다.

아오;
오는 길에 우리 병력과
합류하려다가 엇갈려서
길 헤매느라 1시간 더
허비했긔;;

대원군 일행은 5시 넘어서야 겨우
광화문 광장 초입으로 진입.

042

광화문 쪽에서 총소리 내면서 진입하면 여기서도 들이치기로 했는데, 왜 아직 아무 조짐이 없나;;

북쪽 계무문 밖의 일본인들도 초조하게 대기 중.

원래 계획대로라면 4시에 이미 상황 다 끝냈어야 하는데;;

특무조장 마키 대위

에잇! 안 되겠소!! 쏩시다!!

진짜로?!?

5시 15분경, 광화문의 일본군이 홍계훈 측에 사격 개시.

투당 투탕 타다당

홍계훈과 예닐곱 명의 병사가 죽고 나머지는 흩어진다.

아! 광화문에서 시작한 듯?!!

투당 투탕

마침내!!

북쪽의 일본군이 이에 호응해 행동 개시.

5시~5시 15분.

광화문과 궁의 북쪽 문들을 모두 점거한 일본군은
시위대의 저지를 뚫고 건청궁으로 돌입.

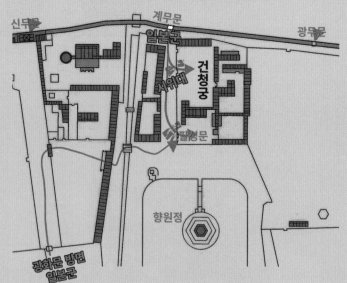

외, 외국인들에게
사태를 알려야 함;;

참령 이학균이 도주하고,

Don't Run!
홀드 포지션!

시위대 병사들도 순식간에
무너지며 모두 도주.

통역을 맡은 이학균이
도망가버려서 병사들
지휘가 불가능했다;;

뭐, 다이 장군
통솔력도 좀 별로…

이 뭔
오합지졸;

아니, 그게;
시위대에
탄약도 부족하고;;

이런 침궁 사변을
3번 겪어보니,
궁을 지키든 말든
임금의 옥체가
상하는 일은 없더라고.

임금은 어차피 무사할 거고
그냥 정권 바뀌는 정변일 뿐인데,
굳이 민씨 정권 지켜주자고
우리가 목숨 걸 필요 있나?

5시 30분, 일본인들이
건청궁 장악.

복수당

임금
처소

장안당

곤녕합

왕비
처소

임금은
장안당 마루로 나와
억류되고.

하;
또 털렸나;

훈련대 병사들과 시위대의
우발적 충동으로
혼란이 일어났는지라,
저희가 폐하를 보위하러
왔습니다~ㅎ

부령 현흥택은
붙잡힘.

자, 중전은
어디 계시는지?!

중전 마마는
왜찾음?…

거, 여기까지 왔는데
중전께 인사 좀
드리고 가려고 그러오!

일본인들이
건청궁을 뒤집으며
왕비를 수색.

복수당

곤녕합

장안당

세자 부부의 침소까지 낭인들이
침입해 왕비의 행방을 물으며
겁박했다는 얘기도 있고–

느그 엄마
어디 계시누?!

여기서 놀란
세자빈이 병을 얻어
훗날 요절했다고도
하고.

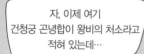

자, 이제 여기
건청궁 곤녕합이 왕비의 처소라고
적혀 있는데…

건청궁 내외 모든 출입구를
다 장악해놓았으니,
굴 안에 갇힌 여우다.

무엄한 왜놈들이!!
어디라고 감히 칼 들고
구둣발로 내전에 오르느냐!!

숙직 중이던 궁내부 대신 이경직

흠, 용감한 조선인이
없지는 않군요.

저리 지키려는 모양새를 보아하니 여기에 왕비가 있는 게 확실하구나!

짠짜라쟌~

……;

왕비 사진이 있었다고도 하는데, 해상도가 낮아서 알아볼 수가 없다;

호랑이 얼굴 말고 사람이 왕비 아님?

큣;

영어 할 줄 아는 사람이 왕비라더라.

Are you 쟈 Queen 오부 Chosen, ma'am?

10월 8일 5시 30분~6시경, 왕비 시해.

명성황후(추존) 사망.
(향년 45세)

굽씨의 오만잡상

명성황후가 살해당한 건청궁은 1909년 철거되었는데, 한동안 방치되었던 터에 1939년 조선총독부미술관이 들어서게 됩니다. 총독부가 소유한 미술품을 전람하는 일종의 관설 미술관으로서 인기를 끌었지요. 마침 침략 전쟁 와중이었는지라 이를 찬양하는 전쟁 기록화, 선전 그림들의 기획 전시회가 자주 열렸다고 합니다. 해방 후에는 경복궁미술관으로 개칭되었고, 이후 한국민속박물관으로, 또 전통공예관으로 전용되어 12개 전통 공방이 입주하기도 했습니다. 그러다가 1998년 경복궁 복원 사업으로 60년의 생을 마치고 철거당했는데, 오늘날 바로 그 자리에 건청궁 레플리카가 복원되어 있지요.

경복궁미술관, 즉 전통공예관이 들어서 있던 시절, 그곳이 을미사변 참극의 현장이었음을 증언하는 유일한 표지가 〈명성황후조난지지비〉였습니다. 한국전쟁으로 정신없을 1951년 6월 이승만 대통령이 친필로 '明成皇后遭難之地(명성황후조난지지)'를 쓰고는, 이를 새긴 비석을 그곳에 세우도록 했다지요. 명성황후와 조선 왕실을 극혐하던 이승만 대통령이었지만, 일단 역사적 만행의 현장을 당대인으로서 제대로 박제해놓는 것이 좋다고 여긴 모양입니다. 이 비석은 경복궁 복원 사업 때 옮겨져 현재는 여주의 명성황후 생가에 놓여 있습니다. 느낌적으로 보자면 그 비석을 그냥 건청궁 허에 남겨놓는 편이 좀 더 역사적 무게감을 더하는 구성이지 않았을까 싶기도 하군요.

제 4 장

폐서인

왕비와 더불어 곁에 있던
궁녀 10여 명도 함께 피살.

혹시나
가케무샤일 수도 있으니,
만전을 기하기 위해!

확실히
왕비를 죽인 게 맞는지
우범선이 와서
확인했다고도 하고.

ㅇㅇ;
맞는 듯;

좀 더 확실하게
시신의 국부 검사로
출산 유무를 가려
확인했다는 설도…

10월 8일 5시 40분경,
대원군은 입궐해
근정전에 머무른다.

중전이
승하하셨답니다!

…삼고빔…

6시 15분경,
미우라 입궐.

음;; 예정보다
너무 늦어졌는데;;

먼저 왕비의 시신 확인 후, 소각 지시.

뭔 칼질을 이리 많이 했다냐;;
총으로 깔끔하게 처리할 것이지;;

이리 처참한 시신 상태를
알려지게 할 순 없으니
태워버리도록.

원혼이 될 거라면,
그 원한은 부디
대원군에게 푸시길.

태우고 남은 유해는
건청궁 옆 녹원에 매장.

그리고 7시,
미우라가 임금 접견.

원, 난데없는 사변에
얼마나
황망하셨습니까~

으어....
으어어어어...

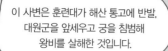

이 사변은 훈련대가 해산 통고에 반발,
대원군을 앞세우고 궁을 침범해
왕비를 살해한 것입니다.

일본군은 이를 중재하고자 출동해
다시 궁의 질서를 회복한 거지요.

알아들으시겠습니까?

으어;;
으어어…;;

9시,
조정 대신들 비상 소집.

중전 마마
죽었다던데?;;

임오군란 때처럼
튄 거 아님?

홍계훈도 죽어서
그건 무리.

정동파 대신들은 잽싸게
미국과 러시아 공사관으로 다 튀었다.

중전을 죽였다던데;;
우리도 궐문 들어서면
살생부대로 싹 다
척살당하겠지;;

그리 입궐한 친일파 대신들로
4차 김홍집 내각 출범.

······

갑오파
3인방

총리대신 김홍집

갑오파 3인방
김·어·김은 결국
끝까지 세트로
가는군요.

'끝'까지?

탁지대신
어윤중

외부대신
김윤식

대원군 라인 잘 탔다.

군부대신 조희연　궁내부대신 이재면　농상공부대신 조병하　내부대신 서리 유길준

대군주 폐하의 조칙을 받드나이다~

사변 이틀 후인 10월 10일, 4차 김홍집 내각의 첫 임무는 **왕비 폐서인.**

농상공부대신 조병하가 텍스트 작성.

"…나라가 어지러운 중에 왕후 민씨가 무리를 끌어들여 짐의 총명을 가리고 백성을 착취하며 매관매직하고 탐욕과 포악을 일삼으니 도적이 사방에서 일어나고 종묘사직이 위태하게 되었다…"

"…훈련대 해산령도 민씨가 조작한 명령이고… …짐을 감시하고 가스라이팅하고… 일이 터지자 혼자 도망가 찾을 수 없게 되었고…"

"…이에 왕후 민씨를 폐하여 서인으로 삼는다."

WiSDoM　왕후 폐서인 조칙!

뜨아아아아아아

왕비, 왜놈들한테 끔살당했다던데;;;

이렇게 손절하누;;

…어, 이리 막 지른 거, 나중에 문제 되지 않을는지? 폐하나 세자께서 마음에 담아두신다든가…

…호랑이 등에 올라타놓고 멀미 걱정을 하십니까?

이 조칙에 조야 각계 경악.

아니, 끔찍당한 왕비를 이리 바로 손절해버리는 그림을 세상이 납득하겠습니까?!

하, 솔까말 왕비는 개트롤이었잖습.

윤치호

김윤식

온 천하가 다들 속으로는 잘 죽었다고 생각하고 있을 건데.

너네 정동파 빼고.

일본의 끔찍한 만행과 거기에 부역하는 조정의 조치에 서양인들이 경악하고 항의할 거니까요?

아아, 양놈들이 이 '독립국' 조선에 뭘 어찌 간섭하겠는가.

뭐라고 양양대든 알빠無.

독립국??!? 도오오옥립구우우욱???! 단어 선정 실화임?!

※ 《윤치호 일기》에 나온 실화

056

그 '양놈'들은 참사 당일 아침 10시에 바로 임금의 안위를 살피러 달려왔고.

폐하, 변고가 심상치 않다 들었사옵니다만;;

으어~;;; 으어어어어;;;

미국 공사 실

알렌

러시아 공사 베베르

아아, 뭔 오버질들인지…

해산령에 반발한 훈련대가 대원군을 앞세우고 궁궐을 습격해 왕비를 살해했지만, 곧 우리 일본군이 출동해 상황을 정리했고, 적절히 통제 中이니 안심들 하십시오.

뭘 어떻게 우겨대도 손바닥으로 하늘을 가릴 수는 없을게요.

개소리 집어치우시오!! 경복궁 CCTV 까볼까?!

있으면 까보시든가.

굳은 의지를 가지고 일관성 있게 우기면 진실이 되는 거임.

But, 진상은 이미 일본 공사관 내부에서부터 급속히 외부로 유출되고 있었으니.

을미사변 당일 아침 10시, 일본 공사관 해군 무관이 해군성으로 사건 보고.

육군놈들이 경복궁을 또 들이친 모양입니다;;

니이노 도키스케 소좌

그날 오후, 미우라가 공사관의 전신 폐쇄를 명한 와중에

우치다 영사가 외무성으로 사건의
진상을 명확, 상세하게 타전.

우치다 사다츠지
영사

"…고금동서에 유례없는
흉학한 참변이…"

"…조선에 있는 낭인들과
서울 주둔 일본군이
동원되었으며…"

"…왕비를 살해한 자는
우리 육군 소위…"
(미야모토 다케타로 소위로 추정)

각국 공사관들은 이미
사건의 진상을
파악하고 있는 걸로
보입니다…

어쩐지
이럴 거 같더라!!!!
미우라 미친 인간이!!!!

외무대신 대리
사이온지 긴모치

빨리 제대로 된
외무성 관료를 보내서
사태 수습하고 덮어야;;

아니, 저기;;

이번 일은 미우라 공사에게
전권을 맡겼던 일이니…;;
끝까지 밀어주는 게…

벼랑 끝으로 밀어주다가 다 같이 추락할 일밖에 더 되겠습니까?!

이토 공은 어디까지 알고 계셨던 겁니까?!!?

뭔 음모를 꾸미고 진행하더라도 국제사회의 기본 선이란 걸 좀 봐가면서 하자고요!!

어; 음;;

Oh! 굿잡!

양놈들이란 함포로 약소국의 마을을 날려버리면 환호하고 칭찬해주지만!

함포외교 흉내 좀 내는데?
ㅎㅎ

칼잡이들이 약소국의 궁궐에 처들어가 왕비를 참살하면 질겁하고 비난하는 놈들이외다!!

저, 저 미친 똥양놈이 미개한 본성 못 버리고 칼부림하는 거 보소;;

난 그냥 조선 임금 달랠 위문사고, 사태 수습은 자네가 도맡도록.

그리하여 10월 10일, 일본 특사단 조선行.

왕실 위문사 이노우에 가오루

외무성 정무국장 고무라 주타로

ㅎㅎ, 본국에서 좀 예민하게 신경 쓰시는 모양인데,

이 사건은 조선 훈련대가 해산령에 반발해 대원군을 앞세워 궁궐을 침범해…

아, 예, 그 시나리오는 님이 제대로 일을 진행하지 못한 덕분에 이미 파탄 났고요.

다이 장군과 러시아 건축가 사바틴 등의 외국인들이 궁에서 참사를 직접 겪고 빠져나와 외국 공사관들에 진상을 알렸고.

큿, 일본 정규군이라 내가 진 거임…

일본놈들이 왕비 침전에서 칼부림하는 거, 분명히 이 두 눈으로 똑똑히 봤구먼유!!!

…일본놈들 급발진…

각국 공사관은 사건 진상에 대한 보고서를 일제히 본국으로 타전.

…사람 이름이 어떻게 미우라 고로시…

…일본에 대한 외교적 어필 필요…

이미 언론에도 사건의 진상이
제대로 보도되고 있으니.

동양의 신비한 왕궁
깊숙한 내전에서의 참극!!

오오, 그때 닌자가
나타난 거구먼!

전략가라던 양반이
제대로 작전을
망치셨소이다.

10월 17일, 미우라는
공사직에서 현지 해임된다.

쿵, 결국 내 결단이
옳았음이 입증될 것.

예아!! 이 몸이
조선 퀸을
잡았다!!

아닌데, 내가
막타 쳤는데.

10월 18일,
을미사변 관계자인 낭인과
군인들 48명 강제 귀국 조치.

일단 모두 히로시마
형무소에 수용.

을미사변

10월 25일,
7개국 공사관 공동 입장 발표.

제 5 장

Vacuum

1895년 10~11월에 걸쳐
駐조선 서양 공사단과 고무라 간에
협의가 계속 진행되고.

이번 사건은 일본 정부의
관여 없이 우발적으로
일어난 사건입니다.

오히려 이럴 때일수록
일본군에 의한 궁궐과 도성의
치안 유지가 중요할 때입죠.

개소리 집어치구다사이!!!
일본군이 사건의 주범이라는 건
이미 천하가 다 아는 사실이건만!
어찌 이리 뻔뻔하신지?!

뭣보다 사건 당사자인
조선 국왕께서 지금
PTSD로 왜병만 보면
경기로 쓰러지시는구먼!!

일본 앞잡이인 우범선과 이두황이
훈련대 병사들을 거느리고 궁궐에서
계엄사령관처럼 꺼드럭거리고 있고!

저놈들이
과인도
죽이려는가;;

임금은 독살 공포로
그냥 음식에는 손도 못 대고―

오로지 통조림으로만
연명하고 계시답니다.

의외로
맛 괜찮은데?

독거 홀아비
도시락 배달 봉사.

서양 공사관의 부인들이
이를 딱히 여겨
도시락에 자물쇠를 채워
임금에게 전달하고 있소이다.

자물쇠 도시락이
언젠가는 경복궁
관광 상품이 될지도?

깨어 있을 때나 잘 때나 24시간
곁에 서양인들을 두고
골방에 처박혀 폐인처럼 지내신다고.

눈앞에서 마누라가 끔살당하고
공범들이 궁을 장악,
활개 치고 다니는데 당연히
그럴 법하지요.

한 달 가까이 지난 11월 초에야
임금께서는 입을 여실 수 있었소.

아이고!!
베공사!!!
나 좀 살려주시오!!!

19세기 대명천지에
이리 끔찍하고 억울한 일이
어디 있단 말이오!!!

왕비를 끔살한 왜놈들과
앞잡이들이 칼을 들고 협박하며
과인의 입을 잠그고 있으니!

이리 명명백백한 증언과 증거들 앞에서
일본 정부는 더 추해지기 전에
1. 조선에서 모든 손 떼고!
2. 서울의 일본군을 모두 철수시키시오!

이 억울함을 어이할꼬!
이 핍박을 어찌 면하겠소!

(러시아 황제께 제발 병사 좀
보내주십사– 청 올려주시오;;;)

아, 그리고
일본 꼭두각시인
4차 김홍집 내각은
조선 정부로 인정
안 할 거요!

아, 그, 저희 정부도
어느 정도 진정성을
보일 것으로…;;

하, 이 시점에서는 어느 정도
한발 빼는 제스처가
있긴 해야 하겠군요…;;

난 분명히
미우라 안 된다고
말했무쓰. ○○

외교적으로 열심히 무마 공작을 진행하며–

어휴, 일본 정부와는 상관없이
미친 일부 과격파가 급발진해서 말이죠;
막말 유신기에 자주 있던 일이죠;;;

히로시마 형무소에 수감되어 있던
미우라 이하 48인에 대한
재판도 시작.

(원, 다 요식 행위니까
너무 걱정 마시고~)

토사구팽 루트는
아니겠지?

흠…

경복궁과 서울 도성의 일본군도
모두 도성 밖, 용산으로 철수.

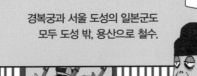

총리 김홍집

…그런 무마 조치의
일환으로 이 사변에 엮인
훈련대도 해산한다.

에?! 훈련대 해산
때문에 일이 터졌는데,
기어코 훈련대를
해산한다고요?!

1895년 10월 30일, 훈련대 해산.

아아, 새로 조직할 친위대와
진위대로 다 재편될 거니
너무 걱정 마시게나.

거, 어떻게 재편하든
우리 자리는 제대로
마련해주셔야
할 겁니다~

……

…자리 좋아하시네.
못자리나 알아봐라.

…저 왜놈 따까리
역적 쌔퀴들의 기고만장,
싹 발라내주마.

**탁지대신
어윤중**

…왜놈들 꼭두각시인 훈련대
해산을 일본놈들이
수락했다는 것은…

고무라는
서양인들을 무마하기 위해
그들의 요구를
어느 정도 들어주는
시늉을 하고 있고.

ㅇㅇ, 훈련대 해산하고
일본군도 도성 밖으로
다 내보냈음.

너네 꼭두각시
김홍집 내각은?

4차 김홍집 내각은
일본의 꼭두각시 정부가
아닙니다.

아, 그런가요?

ㅇㅇ, 일본은
조선 정국에서
완전히 손 뗌.

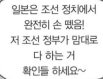

일본은 조선 정치에서
완전히 손 뗐음!
저 조선 정부가 맘대로
다 하는 거
확인들 하세요~

오, 훈련대도
해산하고 친일파도
몰아내는 거 보니
진짠가 보다.

와아~
내 맘대로
Free 인터넷~!

물론,
저 4차 김홍집 내각 갑오파
정권은 일본의 뒷배가 아니라면
존속 자체가 어려운 정권이니.

일본이 손 떼고
자율성을 준다 한들
일본의 영향권 밖으로
완전히 벗어날 일은 없을 터.

─라는 꿍꿍이로 고무라가
손 떼는 시늉을 하는 것뿐이니
너무 설레발치진 마시오.

**외부대신
김윤식**

그래도 어느 정도
우리에게 운신의 공간이
생긴 것도 사실입니다.

열강 눈치 보느라
일본은 조선 컨트롤에서
손 떼(는 시늉하)고.

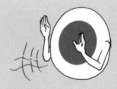
어휴, 너님네 정권은
자주독립국
정권이죠~

정동파는 미국과 러시아 엉덩이에
숨어 찌그러져 있고.

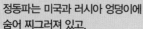

크읏,
두고 보쟈;

미국과 러시아는
딱히 물리적 어프로치를
철회할 생각이 없고.

민씨네는 문자 그대로
끔살당해 궤멸.

이번 건 진짜
치명타다;;;

대원군은 천하의
욕이란 욕은
다 처먹으면서
다시 은거에
들어갔고.

하, 이제 진짜
걍 다 접고 싶다;;

이준용은 결국 바로 일본 유학行.

임금은 쫄아서
정신 놓고 스스로 골방의
은둔형 외톨이가 되었다.

멘탈 케어 좀;;
프로이트 불러줘;;

이제 우리 갑오파만이 정권의 키를 붙들고 있습니다!!

조선 권력 게임에 참여하던 플레이어들이 사실상 전원 리타이어된 상황!

드디어 이 4차 김홍집 내각이 진짜 근대·개화정부로 나라를 이끌게 된다?!

워, 워, 이 갑오파 정권은 임금의 지지도 없고, 백성의 지지도 없고, 외세의 뒷배도 미약한 형국.

그저 외줄 위에서 위태롭게 뒤뚱거리고 있을 뿐이라고요.

…그러니 외줄 위에서 균형 잡는 곡예를 잘해내야 하지 않겠습니까?

일단 폐하의 마음을 달래고 백성 여론을 살피는 곡예를 진행해봅시다.

1895년 11월 26일, 왕후 복위 조칙.

폐서인 조칙은 누가 칼 들고 협박해서 나온 것이었으니 무효!

동시에 을미사변에 동조했던 찐 친일파 인사들 파면 조치.

큿;
7주 천하 였구나;;

군부대신 조희연   경무사 권형진   참령 우범선   참령 이두황

자, 이 정도면 4차 김홍집 내각은 일본의 꼭두각시 정권 아니라고 봐도 되겠죠?

○○, 대충 정리된 거 같으니 이제 분위기 풉시다~ㅎ

영국 공사 W. C. 힐리어

런던은 을미사변 문제로 더는 일본을 까지 말 것을 지시.

이렇게 4차 김홍집 내각은 독자적 개화 정권으로 당당하게 출항!

갑오개혁은 결국 갑오파가 끝까지 캐리한다!!

정동 CLUB

쿳, 김·어·김 트리오가
개 운빨로 권력 먹고
거들먹거리는군요.

이완용   중추원의관 안경수

그래봤자 일본
꼭두각시 타이틀
세탁은 안 될 겁니다.

뭐, 저들이 나대봤자 결국
조선에서 권력의 원천은
임금뿐인 것을…

시종원경 이재순(왕실 종친)

그렇습니다! 바로
그 임금을 저들 손에서,
저주에 걸린 궁성에서
구출해내자는 것이
저희 구상입니다!

'잠자는 숲속의 군주' 작전!

참령 이도철   시종 임최수

굽씨의 오만잡상

고종 임금보다 한 살 많은 청안군 이재순은 철종의 이복형인 영평군의 아들, 즉 철종의 조카였기에 철종 사후 왕위를 이을 인물 중 촌수로 따지면 가장 유력한 후보였습니다. 다만 이재순은 영평군의 친아들이 아니라 먼 친척집(선조의 서자의 서자 집안)에서 입양한 양자였기에, 실제 핏줄로는 딱히 댈 게 아닌지라 일찌감치 후보에서 제외되었지요. 그래도 족보상 매우 중요한 위치였기에 왕실 종친회장 노릇을 하는 등 고종 임금에게 매우 신임받는 종친이었습니다. 훗날 역사책에 친러 수구파로 기록되는 근왕파의 좌장 역할을 수행했지요. 춘생문 사건과 아관파천에 관여했으며 이후 독립협회와도 각을 세우는 등 임금의 뜻을 충실히 받들었습니다. 아들이 없는지라 먼 친척 집에서 양자를 들였는데, 이 양자가 먼저 죽는 바람에 또 다른 먼 친척 집에서 양손자 이해승을 입양했지요. 하여 1904년 이재순이 53세로 사망한 후에는 이해승이 뒤를 잇습니다. 이해승은 한일합방과 함께 스물한 살의 나이로 후작 작위를 받고는 대표적인 친일 귀족 행보를 이어갔지요. 태평양전쟁 당시 조선귀족회 회장으로 일제의 전쟁 수행에 적극적으로 협력한 행보 때문에 해방 후 반민특위에 소환되기도 합니다. 이후 한국전쟁이 터지면서 납북되어 생사불명으로 역사에서 사라지고, 그 막대한 재산은 손자 이우영이 물려받습니다. 그렇게 이우영은 서대문구 홍은동의 알토란 땅에 그랜드힐튼호텔을 세우게 된 것이지요(2020년 힐튼과의 계약이 만료되어 스위스그랜드호텔로 이름을 바꿈). 이 막대한 부를 두고 친일파 재산 환수를 추진하는 정부와 이우영 회장 사이에 긴 소송전이 진행되었는데, 결국 대충 이우영 회장 측의 승리로 마무리되는 모양새입니다. 88올림픽 때 세워진 스위스그랜드호텔은 한때 서울의 대표적인 5성급 호텔 중 하나로 높은 명성을 누려왔지만, 어느덧 시대에 뒤떨어진 1990년대의 감성과 추억 정도로 잊혀갔고, 특히 팬데믹 기간에 큰 타격을 입게 됩니다. 그리하여 2023년 현재 스위스그랜드호텔은 폐업이 결정되었고, 그 부지는 아파트 단지로 재개발된다고 합니다.

제 6 장

춘생문 사건

김홍집 내각은
시위대와 훈련대를 합쳐
친위대를 조직하는 것으로
군제 개편을 시작.

탁지대신 겸임 군부대신
어윤중

근간 워낙 흉흉한 사달이
많았던지라, 일단 대거 물갈이
하면서 인원 좀 많이 축소해서
2개 대대 1700명으로 정리.

…그중 절반인
우리 대대 800명이 거사에
임한다면 성공은
따놓은 당상이리라.

대대장 참령
이도철

중대장
남만리

이규홍

궁내 공작은
제가 다 세팅해
놓겠습니다!

ㅇㅇ!
이리 확률 높은 거사에
베팅 안 할 수 없지요!

정동파 대거 참여.

윤치호　　시종　　　안경수　시종원경　　이완용　이범진 등등
　　　　임최수　　　　　　　이재순

갑오파가 정권을 잡고 있는 건 오직 임금을 손아귀에 쥐고 있기 때문!

폐하의 조칙을 받들지어다~

이 무슨 조조 같은 짓거리인가!

So, 우리가 샤샤샥 임금을 탈취한다면!

탈취해서 저놈들과 왜놈들 손이 닿지 않는 서양 공사관 같은 곳으로 모신다면!

그대로 정권 교체!! 왜놈 괴뢰 정권 몰아내고 자주 개화 정권 수립!

정말 정의롭고 용감한 작전이외다!

양놈들은 전적인 지원을 아끼지 않으리다!

(임금을 모시고자 한 곳이 러시아 공사관인지 미국 공사관인지에 대해서는 명확하게 밝혀지지 않았다.)

러시아 공사   미국 공사   알렌   헐버트 등등

서양 교사들에게
사사 중인
정동파 꿈나무들—
배재학당
학생들도 참여.

보이스 be
엠비셔스!

이승만(20세)

뭐, 그렇게 병력 절반 이상과
내외의 호응으로 대세가 정해졌으니,
그쪽 병력도 좋게 좋게 함께합시다.

어, 으응;;

대대장 참령 이진호

이진호는
이를 고변.

이도철이 정동파 무리와 작당,
친위대 병력 반을 이끌고
궁을 들이쳐
폐하를 탈취하려는 작전이
내일 새벽 진행된답니다!

이놈의 군바리들
머릿속엔 경복궁 레이드
쿠데타밖에 안 들었나;;

일단
우리 쪽 병력 모아서
모두 궁에 숙직토록 하라!

중전 목 날아간 지
얼마나 지났다고
또 뭔 난리랴;;

이번 타깃은
VIP인갑네.

어윤중의 명으로
궁궐 수비병들은
궐내 빈방에 다 들어가
비상 대기.

신발 신고 방에
들어가 있으라니;;

나중에 내시놈들이
발작하겠네;;;

조국의
자주 개화를 위해!
For the King!!

1895년 11월 28일 새벽,
쿠데타군 작전 개시.

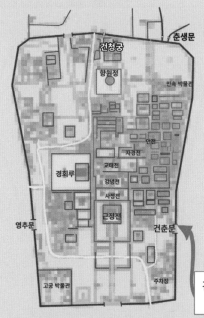

건춘문으로
진입 시도.

But,
궐내에서의 호응 불발.
문은 열리지 않는다.

이에 쿠데타군은
북쪽으로 이동.

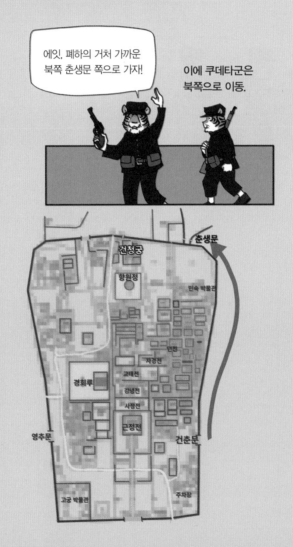

춘생문 근처에서 월담 시도.

경복궁 담장의 평균 높이는 5미터인지라 쉽게 넘을 수는 없었지요.

그렇게 수십 명이 어찌어찌 담을 넘어 들어갔는데~

빨리 문부터 열자고;

네 이놈들!!

헉?!

팟

반란군놈의 새퀴들이 어디라고 감히 금장을 능멸하느뇨!!

하;

수비병들이 곧바로 뛰쳐나와 대응.

얌전히 항복한다면 병졸과 하급 장령에게는 죄를 묻지 않겠다!

어;; 음;;

어윤중이 직접 나와 누대에 올라서 효유하니~

너네 월급이 어디서 나오는지 생각해봐라! 내가 탁지대신이야!

담장을 넘은 인원
수십 명은 곧바로 항복.

그저 상관의 명령에
따랐을 뿐입죠~

으어,
만사휴의다;;

텄다, 텄에!!

이에 담장 밖의
인원들도 모두 도주.

정동파의 쿠데타 시도는
이렇게 총성 한 방 없이
싱겁게 분쇄된 것입니다.

너무
엉성했구나;;

주모자인 이도철과 임최수 처형.

늦가을에 봄이 날 문
(春生門)을 두드렸으니
망하는 게 당연한가…

안경수, 이재순 등의
인사들은 유배, 징역.

곤장도
맞았다고!!

그 외 정동파 인사들은
잽싸게 다 튐.

상하이로도
튀고,

미·러 공사관, 선교사
자택으로도 튀고.

배재학당 학생들도
모두 도피.

운동권 학생의
도피 잠수 전통은
이때부터 시작인가;;

이는 일본에
초♡럭키 호재가 되어─

엉? 일본이
조선 내정에
막 간섭을 한다굽쇼?

너님들이 하는 건
간섭이 아니라, 뭐
통섭인가벼?!

이 쿠데타 배후가
어딘지 좀 파볼까요?!

미국인들과 러시아인들이
쿠데타 사주해서
국왕을 지들 공사관으로
납치하려 했대요!!

이런 놈들이
뭔 일본을 욕하고
자빠졌냐!!!

을미사변으로
조선 껀에서 궁지에 몰렸던
일본의 포지션 개같이 부활.

자, 이렇게 정동파 놈들은 자폭으로 한 큐에 날아갔고!

이제 자신 있게 을미사변 껀을 싹 정리해서 이 정권의 똥 묻은 꼬리를 잘라냅시다!

1895년 12월 1일, 왕후 국상 발표.

비명에 가신 왕후 마마의 국상을 치르도록 한다.

그리고 시해사건 범인놈들 잡아다가 정의를 구현하겠습니다.

WiS DoM 왕후마마 국상. 시해 사건 처결

이 발표 하루 전에 우범선, 이두황, 조희연 등은 잽싸게 일본으로 튐.

일본놈들 탓은 못 하겠으니,

우리한테 다 뒤집어씌울 속셈이구나;

국외로 튄 놈들 말고도
목 날릴 놈들은 충분히 있지!

저 흉악무도한
시해범들 목을 다
날리도록 하라!

법부대신 장석주

그렇게 을미사변 정리를 위해
용의자 3명을 처형.

전 군부협판 이주회　　참위 윤석우　　허언증 환자 박선

진짜 가담한 놈.

괜히 왕비 시신
수습했다가 잡혀 옴.

자기가
왕비 죽였다고
동네에서 떠들다가
잡혀 옴.

이는 히로시마의
을미사변 재판에
좋은 구실이 되고—

조선 법부가 사건 범인들을
다 잡아 처형했다는데,
본 법정이 그 결과를 뒤집을
이유나 다른 증거가 없다.

뭐 이렇게 쿠데타도 막아내고,
정동파도 쓸어버리고,
아킬레스건인 을미사변 껀도
얼레벌레 정리했고~

미우라 이하 48인 모두 무죄방면.

정권의 기반이 나름 잡혔으니,
이제 진정 이 나라의 앞길을
나님이 캐리할 수 있지 않을까요?

그리 명재상의 길을 걷는다면—
조선의 비스마르크로
역사에 남을 수 있지 않을는지?!

홍홍ㅎㅎㅎㅎ홍~집

…왜놈
따까리 정권이…
웃어?

일찍이 본 적 없었던 종류의 불온한 기운이
팔도 전역에서 스멀거리기 시작한다.

제 7 장

을미개혁,
의병

1894년 7월의 경복궁 함락으로
성립된 1차 김홍집 내각에 의해
갑오개혁이 시작되고.

1차 김홍집 내각은
갑오파와 친홍파 연합 정권.

이때 시작된 개혁을
갑오개혁의
1차 개혁이라 함.

1894년 12월의 청군 축출,
동학농민운동 진압, 이노우에 부임,
갑신파 복권, 대원군파 축출이라는
정국 변화로 **2차 김홍집 내각** 출범.

이때부터의 개혁을
갑오개혁의 2차 개혁이라 함.

1895년 5월의 환국으로
갑오파가 밀려나고
박영효와 박정양 연합 내각 성립.

1895년 7월의 불궤사건으로 박영효가 망명하고
갑신파가 축출되며 갑오파와 정동파에 의한
3차 김홍집 내각 출범.

큿, 뭔가 흉한
일이 일어날 것이다!

아니, 왜놈 꼭두각시 정권 맡으라고 누가 칼 들고 협박함?!?

1895년 10월의 을미사변으로 민씨네와 정동파가 축출되고 갑오파 단독 정권인 **4차 김홍집 내각** 출범.

뭐, 정말 많은 일이 있었지만 갑오개혁 must go on.

4차 김홍집 내각에 의해 추진된 개혁을 갑오개혁의 3차 개혁─을미개혁이라고 일컫습니다.

법부대신	내부대신	외부대신	총리대신	탁지·군부	농상공부
장석주	유길준	김윤식	김홍집	대신 어윤중	대신 정병하

<1896년 새해부터 새롭게 시행되는 정책들>

1896년 1월 1일부터 적용하는 조선 최초의 **연호!**

건양
建陽

이때까지는 강화도조약 이래 조선 개국 기원년을 사용해왔죠.

대충 밝음을 세운다는 좋은 의미인 듯. 양력을 채택했다는 의미일지도.

양력 채택

음력을 버리고
세계 표준 그레고리력 채택!
을미년 11월 17일을
건양 1년(1896년) 1월 1일로!

으어,
그동안 음력 날짜,
양력으로 바꿔 쓰느라
빡셌다;;

소학교 설립!

개학교,
말학교도
만드나요?

문명개화 세상에서는
부디 저딴 드립 없기를…

우체사 설립!

갑신정변 난리 때
좌절된 우정국이
10년 만에
부활했습니다!

하, 10년 전
편지가 이제야
배달되누;;

종두법 실시!

백신으로
마마 퇴치!!

중전 '마마'도
그리 퇴치됨?

그리고 대망의 룩변 개혁– the 단발령!!!

상투 다 잘라라!!

꼬아아악??!?!

헤어스타일도 좀 위생적으로
세계 표준 따라갑시다!
망건도 폐지! 옷차림은
한복이든 양복이든 자율화!

농상공부대신 정병하가
임금의 상투를 잘랐고,

구레나룻은
남겨다오···

내부대신 유길준이
세자의 상투를 잘랐다고.

으어어어어~
신체발부수지부모거늘!
어찌 부모가 물려주신
머리카락을 그리 쉽게
자른단 말이오이까!!!

–라는 건 사실
표어성 드립일 뿐,
실제로는 다들
옛날부터 잘만
잘랐죠···

이 상투라는 것이,
자르지 않은 머리카락을
가지고 만들려면—

그 머리카락의 양 때문에
엄청난 크기가 되어버립니다.

이래서는
영 곤란하고 불편하고
뽀대 안 나죠.

이 때문에 대부분의 성인 남성은
윗동머리를 동그랗게 쳐내는
'백호치기'를 합니다.

갓파 같기도 하고,
서양 수도사들의
톤슈어 같기도 하고…

그렇게 백호치기를 하고
상투를 올려야 크기도 적당하고
예쁜 상투가 되는 것.

즉 사극에 나오는 귀공자들의
상투 묘사에서

상투가 풀리면서
아름다운 장발이 휘날리는
클리셰가 있는데,

고증을 따른다면 상투가 풀릴 경우
백호치기를 한 윗동머리가 표현되어야 합니다.

으어;; 의관을 갖추지
못한다면 어찌 양반이
양반일 수 있겠는가;;

So, 단발령에 대한 반발은
머리카락을 자른다는
행위 자체가 아니라,

상투와 망건이 금지되면서
양반의 의관을 제대로 갖출 수 없게 된다는
부분이 문제였으니.

ㅇㅇ, 신분제 폐지됨.
이제 양반, 상놈 없음.

일본에서 폐도령이 칼 자체에 대한
금지의 의미보다는 사무라이의
의관을 폐한다는 의미를 가진 것과
비슷한 맥락이라 하겠다.

으어; 칼을 차지 못한다면
사무라이가 어찌
사무라이일 수 있겠는가;;

그렇게 나라의 근본을 파하려는
수작을 어찌 용납하겠는가!!!
이 나라는 유학의 나라! 그 가르침을
따르는 이들의 나라다!!

ㅇㅇ! 이게 다
왜놈들의 우리 얼
파괴 공작이구먼유!!

제 머리를 내놓을지언정,
제 머리를 자를 수는
없나이다~

유림의 반발을 대표하는
최익현의 상소가 올라오고.

이에 체포된 최익현의 머리를
유길준이 직접 자르려고 했지만,

아, 진짜; 좀;;

크아아아아아아아아아아.

필사의 헤드뱅잉으로
상투를 지켜냈다고 함.

…상소 같은 걸로
해결 볼
문제가 아니야.

임금을 인질로
잡은 왜놈 따까리
정권인데 말이지.

수정헌법 2조에 따른
국민의 저항권을
발동할 때다.

이미 1895년의
을미사변 직후부터
벽서와 통문이 돌며
민심이 들끓고 있었고.

중전 마마,
왜놈들한테
끔살당했다는데?!

※약혐
※참사 현장 사진.jpg
널리 공유해주세요.

이 어찌 그냥
넘길 일이겠는가;

국모께서 왜놈들에게
살해당했는데 그 수모를
갚지 못한다면 어찌
국인이라 하겠는가!!

1895년 11월 4일,
(대전) 유성에서
전직 군수 문성봉 봉기.

무리 600명을 이끌고
공주로 진군.

12월 14일, 공주에서
관군의 반격으로 와해.

왜놈 칠 거면
서울로 갈 것이지
왜 맨날 공주로
오냐고;

동학농민운동 기간에 지역 양반들이 조직했던 민보군 조직이 그대로 다시 무장하고 나서게 되지요.

중전 마마 시해도 빠치는데,

머리까지 자른다니 이제 더는 못 참겠다, 크르릉.

그러한 국모 시해 복수의 기운은 단발령 이후 전국 각지에서 의병 봉기로 이어지고.

강계

춘천   강릉

이천

제천

홍성   안동

장성   진주

주로 경기 남부와 충북, 강원도 등 한반도 중부를 중심으로 봉기가 이어진다.

남한산성으로! 의로운 신민은 달려오고! 달려오라!

여주에서 봉기한 심상희는 1896년 1월 17일, 이천에서 관군을 격퇴하고 남한산성까지 점거.

춘천에서는 정인회와
이소응이 춘천부 점거.

머리 자르고 오던
신임 관찰사 조인승 살해.

강릉에서는 민용호가
관동9군창의소 출범.

그중 가장 강력한 세력은
1896년 2월 7일에 봉기한
제천의 유인석.

위정척사파 중에서도 찐 근본주의 세력.

충북 지역 다수의 수령,
관헌이 피살되며
을미의병의 불길은 거세져가고.

머리 자른 놈은
다 왜놈 앞잡이다!

아니, 자른 게 아니라
빠진 거라고요. ㅠㅠ

이들 을미의병의
계파를 나눠보자면―

왜놈, 양놈 다 몰아내고
개항 전으로 돌아가자!

유림 위정척사파.

뭐, 굳이 옛날로
돌아갈 것까지는;
일단 국모의
복수를!!

**민씨네 라인
전직 관헌들.**

그리고 의외로 강원도 지역
동학 접주들이 참여하기도.

민보군과 동학당이 원수지간이라지만,
사실 호남, 호서 지역에서 유독
불구대천이었고, 다른 지역에서는
원한이 그 정도로 심하진 않았다지요.

동학농민운동 당시에도 사상을 달리하는 유림 의병들이 동학군과 결맹하는 경우도 있었으니까요.

무슨 20세기형 이념 갈등 양상으로 그릴 그림이 아님.

그리하여 김구 같은 동학 가담자도 이 시기 강계의 을미의병 무리와 함께할 수 있었던 것.

그뿐 아니라 이런저런 정변으로 군에 있던 사람들이 이리저리 많이 잘려나갔던지라…

군제 개혁 과정에서 폐지된 지방 진·영의 포군들도 을미의병에 많이 합류.

이 포군에는 진짜 군인 출신뿐 아니라 난세의 떠돌이 총잡이 같은 난리꾼들도 포함되지요.

음;; 이 의병 봉기 플로우는 분명 정동파와 민씨네 잔당이 사주한 부분이 있을 터…

질긴 놈들…

근데 위정척사파는
정동파 엄청 싫어할 텐데?

정동파?!
이 양키 앞잡이
바나나 섀퀴들 같으니!!

히익;;
타, 탈레반;;

왜놈들 몰아낸 다음엔
양놈 앞잡이놈들
다 토막 내주마!!

들리는
소문에 따르면—

한헌제가 내린 밀지를
유비가 받들었듯이

폐하의 밀지를
받들어 봉기한다!

진짜로??

…주상이?

설마…
뭔가 움직이려고??

제 8 장

사랑의 메신저

10년 전인 1885년.

엄상궁, 나랑
잠깐 연애 좀
해볼까요~♡

상궁 엄씨는 임금의 승은을 입었고.

이를 질시한
왕비에 의해 바로 짤리고
궐 밖으로 쫓겨남.

근데 진짜 주상
취향 특이하네…

· · · · ·

그리고 10년이 지나

을미사변으로 왕비가 피살되고
닷새 후, 엄상궁은
임금의 부름으로 입궐한다.

마누라 살해당한 지
5일 만에 옛 여자를
불러들여??!?;;;

임금에 대한 여론은 매우 곱창났고.

정권은 엄상궁의
입궐을 반긴다.

아, 주상께서도 죽은 왕비
별로 안 좋아했다는 거
이렇게 입증되는 거죠!

빠르게
마음 정리하셨으니
예쁜 사랑하세요~♡

엄상궁…

나 좀 도와주시게…

예, 폐하…

Meanwhile 베베르의 거듭된 조선 문제 개입 요청에—

친러파 왕비 살해당하고!
왜놈들 꼭두각시 정권 들어섰는데!!
삼국간섭 이후로
손 놓고 있을 때가 아니여!!

뭐, 그렇다고 하니까
조선 가서 실상 좀 알아보고
조치할 부분 있으면
재량껏 처리하도록.

이에 러시아 정부는
일본에 있던 시페이에르를
특명 전권공사로 조선에 파견.

알렉세이 시페이에르
(10년 전 거문도 위기 때도 조선에 왔었다.)

일단 일본에서 일본 정부의 입장을 들어봅시다.

어휴, 일본은 조선에 손 안 댄다니까요~! 지금 조선 정권과 일본은 모 젠젠 관련 없시다!

−라고 친러파 왕비 살해한 일본인들이 눈 가리고 아웅 하는군요.

1896년 1월 8일, 조선에 도착한 시페이에르는 베베르에게 대강의 브리핑을 받고.

일본을 뒷배로 둔 친일 갑오파 정권이 임금을 새장에 넣어두고 일본의 암묵적 지지하에 권세를 부리는 형국입니다.

그 새장 안의 임금을 구하기 위해 정동파가 춘생문 사건을 일으켰다가 박살 나고 다 도망갔지요.

여기 이범진 씨도 그때 상하이로 도망갔다가

이번 크리스마스에 서울로 몰래 돌아와 러시아 공사관에 은신 중입니다.

도와주신다면 이번에는 영리하게 일을 진행해 꼭 성사시키겠소이다!

ㅇㅇ!

아, 일단 그쪽 국왕 폐하의 확실한 입장과 의지를 확인하고 싶은데요. 가능할지요?

폐하의 뜻을 확인하고 받잡기 위한 쪽지들을 날라주십시오, 엄상궁.

ㅇㅇ.

엄상궁은 임금과 러시아 공사관 사이를 잇는 비밀 메신저 역할을 맡았으니.

중전 마마와는 좀 악연이었지만, 나는 충의를 다하리라.

음. 러시아인들이 과인의 확언을 요청하는구먼.

임금을 알현한 시페이에르는 임금의 진의를 확인.

(하라쇼!!)

'본인은 일본과 역적들의 포로 신세이며 러시아의 도움을 간절히 바람' –이라는 쪽지도 받았으니 국왕의 의사는 확실한 거고.

그렇다면 조선 백성의 민심도 국왕과 뜻을 같이하는지?

○○, 왕비 시해에 대한 분노와 단발령에 대한 분노로 전국 각지에서 반일 의병이 들불처럼 일고 있습니다.

일본군의 전신선은 각지에서 수도 없이 절단되고 있고.

국모의 원수!!

내레 안 죽였스므니다!

김구도 그 플로우에…

2월 초에는 전국에서 일주일 동안 피살된 일본인이 36명에 달할 정도로 반일 감정이 격화되어 있습니다.

아니, 외교관이란 인간이 뭐 저리 무식한 소리를 방책이라고 올리고 있누;;

1. 조선에 천 단위 병력 박으면 영국이 가만 있겠남?!

2. 병력 서로 대치시키다가 전쟁으로 치달으면 어쩌려고?! 아직 극동에서 전쟁 치를 여건 안 된다고!!

조선에서의 상황은 무력 시위가 아닌 지모와 정략을 발휘해 타개하는 쪽으로 노력하도록.

아니, 뭐 어쩌라는 거지;

간단히 생각하세요.

임금만 손에 넣으면 되는 겁니다.

○○!! 주상께서는 러시아 공사관에 옥체를 의탁하고 싶어 하십니다!!

이를 위한 작전이 이미 다 짜여 있습죠!

을미의병 격동시켜서 서울의 친위대 병력도 상당수 지방으로 흩어놨고!

숨어 있던 정동파 인사들이 한몫하려 몰려나온다.

1896년 1월 말에는 을미사변의 공모자로
지목되어 일본으로 도망갔던 조희연이 귀국,
일본의 입김으로 군부대신으로 입각.

아이고, 폐하, 제가
안 죽였다니까요~ㅎ

임금의 공포는
극에 달하고.

으어어어어어어어어;;

…러시아 공사가
폐하의 친필
보호 신청서를
원하옵니다.

○○,
얼른 궁에서
빼내만 다오.;;

"…역적들에게 잡혀 있으면서 머리도 잘리고,
살해 위협에 시달리고 있고…
러시아 공사관에서 보호받기를 원하오.
다른 방법은 없음.
근시일 내 야음을 틈타 이동할 수 있을 것…"

HELP!

음. 간절하시구먼.

러시아 공사관 내 조선 국왕 보호 조치안은
상트페테르부르크로 보고되어 차르의 재가를 받았고.

재미있네.
진행시켜.

작전 지원을 위해 방호순양함
아드미럴 코르니코프호와
보브르호가 인천에 입항.

MEANWHILE 1896년 새해를 맞아 휴번 궁녀들이 본가에 들른다든가,
물품 구입을 위해 장을 보러 나간다든가,

ー등의 사유로
궁문을 들락거릴 때면
항상 가마를 이용했는데요.

궁궐 핫템을
가족들에게
선물해야지~

궁문을 지키는 수비병들이
검문을 이유로 가마 창문을 열고
궁녀들을 희롱하는 일이 잦았다.

유후~ 김나인,
요즘 에센스
바꿨나 봐요?

캬아아아액!!!

이 꼬라지를
여흥부대부인이 목격.

음?

**임금의 엄마
여흥부대부인**

저 가마 검문 캣콜링에
궁녀들의 스트레스가
이만저만이 아닙니다.

아, 진짜! 이 나라 법도가 언제 이리 막장이 되었소이까?! 궁녀가 탄 가마 창문 열어젖히는 무뢰배가 한 번만 더 눈에 띄면 SNS에 공론화해주겠소!!

원, 송구하옵니다;; 다시는 그런 일 없도록 하겠습니다;;

통과~ 통과~

그리하여 2월 즈음에는 궁녀가 탄 가마를 함부로 열어젖히는 무뢰배가 없게 되었다…

뭐, 그리고 상관없는 얘기지만 조선 각지에서 의병 봉기가 빈발하고 치안이 불안한지라, 공사관 경비를 강화하려고 합니다.

엑?

2월 10일, 인천의 러시아 군함에서 수병 100명이 상륙해 서울의 러시아 공사관으로 들어온다.

다음 날인
2월 11일 새벽 5~6시.

이리 오르소서.

부모님 댁에 가는
휴번 궁녀올시다.

○○, 통과.

2대의 가마가
궁을 빠져나와
정동길로 향한다.

…살아 있는 게
먹고 싶다.

제 9 장

아관파천

건축가 사바틴이 1890년 준공한
정동의 러시아 공사관.

이후 조선 왕궁에도 불려 가
이것저것 건축일 하다가
을미사변까지 휘말리게 되죠.

1896년 2월 11일 새벽,
경복궁을 나선
2대의 가마는
정동길을 지나
러시아 공사관으로.

아침 7시, 러시아 공사관 도착.

добро пожаловать,
ваше высочество
도브로 빠좔로바찌~!

···면목 없지만,
신세 좀 지겠소이다.

임금과 세자, 러시아 공사관으로 파천 완료.

이날 새벽 작전을 결행하면서,
이미 궁부터 러시아 공사관까지 이르는
곳곳에 정동파가 동원한 보부상과
구군영병들이 포진해 있었고.

김홍집 내각의 경무사 허진이
집에서 자고 있는 동안,

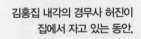

혈관 건강을 위해
겨울에는 특히
새벽잠 잘 자줘야 함.

정동파의 경무관 안환이
어명을 받들어 경무청 장악.

일찍 일어나는 새가
정권을 잡는다.

아침부터 까치 소리가 요망하누.

총리 각하!! 주상이 궁을 나와 러시아 공사관으로 드셨답니다!!

호엥??!?!

폐하께서 역적들의 손을 벗어나셨다!! 기뻐하라, 충량한 신민들이여!!

역적 괴뢰 내각을 폐하고 새로이 근왕 내각이 성립될 것이다.

새 총리대신에는 안동 김씨네 김병시를—

아이고, 안 해요, 안 해!

내가 뭐 병시냐, 정동파 얼굴마담이나 하게;

김병시가 거절하자 박정양이
총리대신 서리로 내각 구성.

2차
박정양 내각인가.

**총리대신 서리
내부대신 박정양**

박정양 내각의 실세,
아관파천 주동자 이범진.

법부대신 이범진

정동파 에이스
이완용이 드디어
권력의 중심으로!

외부대신 이완용

이완용의 양형도
언제나 함께한다.

군부대신 이윤영

똑똑하다는 윤치호에게
국민 계몽의 대업이.

**학부협판
윤치호**

경무사 안경수

뭣보다
을미사변 후의 앞잡이들,
과인을 가두고 능멸한 놈들,
헤어스타일 망친 놈들,

을미 4적(+1)을 모두
잡아 죽여라!!

총리대신 김홍집
내부대신 유길준
군부대신 조희연
농상공부대신 정병하
법부대신 장석주

유길준, 장석주, 조희연은
잽싸게 일본 공사관으로 ㅌㅌ,
일본 망명으로 목숨을 부지했고.

친러 정동파
쿠데타?!?

평소에
유사시 탈출 계획을
잘 짜놓은 덕분이지요.

19세기 말
조선 정계에서 살아남으려면
눈치와 발이 빨라야 해…

다들 그리 일본 공사관으로
피신했으니 각하께서도
빨리 움직여
화를 피하십시오.

일본 공사관에서
총리대신 김홍집을
모시러 사람을 보냈지만,

아니 될 말!

일국의 총리가
임금과 백성을 버리고 도망가
어찌 외국의 도움으로
구차한 목숨을 잇길 바라겠는가?!

118

가서 폐하를 알현하고
직접 죄를 청하겠소이다!

가다가 죽는다 해도
내 나라 국인의 손에 죽는 것이니
부끄러움이 없을 것.

응, 안자검~
안국동 자택에서
검거.

길을 나서자마자
바로 농상공부대신
정병하와 함께 잡히고.

국모 시해 후,
앞잡이 노릇하며
주상을 능멸한 죄로
포살령을 내리셨소!

정병하는
왕비 폐서인 조칙도 쓰고,
임금의 머리도 직접 밀었으니
살아날 방도가 없음.

오후 2시경 순검들에게
맞아 죽었다고 한다.

이것은 국모의 몫!!

이것은 잘려버린
머리카락들의 몫!!!

시신은 뭇사람들에
의해 짓이기고 찢겨
처참한 상태가 되었다고.

을미사변의 앞잡이에,
임금 감금 역적에,
단발 강요범!!

갈기갈기 찢어서
천하에 본을
삼아야 할 것!!

역적들을 죽여라!!
왜놈 앞잡이 죽여라!!
머리카락 없는 놈 죽여라!!

어윤중은 고향인
충청도 보은으로
도주를 기도.

하지만 도중에 용인에서
지역 주민 정원로 등에게
피살된다.

어, 윤중?
어, ㅇㅈ?
어, 역적.
어, ㅇㅈ.

하, 춘생문 사건 이후로
너무 정동파를
얕잡아 봤구나;;;

& 임금의 원한도…

김윤식은 체포되어
제주도 무기 유배行.

그래도 정동파나
임금에게 두루 친목을
게을리하지 않아
죽음은 면했구나;;

그렇게
1896년 2월 11일의 아관파천으로
조선 정국은 단번에
친러 정동파 천하로 급변.

친일 갑오파는
끔살당해 소멸했다;;

아관파천으로 일본에
빅엿을 먹인 시페이에르는
직후 일본 공사로 착임.

어휴, 외교라는 게
참 그렇고 그렇네요~ㅎㅎ

…러시아인들
티배킹 쩌네요;;

아오오!! 성질 같아서는 확!
병력 동원해 서울 뒤집고
조선 국왕 머리채 잡고
끌고 오고 싶지만!!

러시아 상대로
분노 조절
잘합시다…

일단 급변한 서울 세력 판도에서
우발적 충돌이나, 우리 세력의
일방적 축출이 기도되지 않도록
러시아 쪽과 적당히 얘기를 해야겠죠;

아, 저 이번에 특명 전권공사로 승진했답니다.

오메듸토.

그리하여 2월 25일, 러일 양국의 조선 공사가 만나 조선에서의 상황 안정화 협상을 시작.

러시아 공사 베베르

일본 공사 고무라

2개월에 걸친 협상 끝에 5월, 베베르-고무라 각서 체결.

대충 서울의 현 상황을 인정하고 안정적인 세력균형을 꾀하는 각서지요.

가장 중요한 내용은−
■ 러일 양국은 조선으로의 병력 파견에 동일한 권리를 갖는다.

조선의 치안 상황이 안정되면 양측 공히 되도록 철수해야 한다고 덧붙이긴 했지요.

■ 조선 임금이 러시아 공사관에서 되도록 빨리 나올수 있도록 양국이 권유한다는 내용도 있긴 있는데−

뭐, 결국 임금 본인 의사가 중요한 거죠~ㅎ

그렇게 러시아는 별다른 에너지 기울이지 않고도 쉽게 조선에서 일본과 동등한 세력 비중 형성에 성공하게 된 것이다…

"노루가 사냥꾼의 손에서 벗어나는 것 같이,
새가 그물 치는 자의 손에서
벗어나는 것 같이 스스로 구원하라."
−〈잠언〉 6장 5절.

정말 그렇게 스스로
벗어나셨습니다.

그에 더해
러시아와 일본의 중력 중간 지점−
라그랑쥬 포인트에 조선을
위치시켜, 다시금 자주독립과
운신의 가능성을 부여잡았지!

난세 약소국의 군왕으로서,
정말 이 나라는 나 아니면
안 될 것 같아!!

당분간 서양식
라이프를 즐기며
향후 정국 구상을
설계할 것이야.

근데, 저기 저 집이
우리 별궁이었나?

예, 폐하.
경운궁이옵니다.

음. 위치 좋네.

굽씨의 오만잡상

덕수궁 돌담 너머에 펼쳐져 있는 정동은 그 깨알 같은 근대사 콘텐츠들과 대사관들로 유명하지요. 정동언덕에 우뚝 선 옛 러시아 공사관의 탑, 고풍스러운 미국 대사관저(옛 미국 공사관)와 영국 대사관, 일제강점기에 법원 건물이었던 서울시립미술관, 이화학당, 중명전, 정동교회, 배재학당, 손탁호텔 터, 구세군중앙회관 등등, 실로 한 걸음 한 걸음이 설레는 근대사 헤마파크라 하겠습니다.

그런데 이 정동이 심령 스폿으로도 유명한 동네라면 믿으시겠습니까. 우선 (연인이 함께 걸으면 헤어지고 만다는) 덕수궁 돌담길의 저주 자체가 임금의 승은을 입지 못한 채 늙어 죽은 궁녀들의 원념에서 비롯되었다는 이야기가 있지요. 또한 정동에 무당들이 많이 살아 '무당골'이라 불리기도 했다니, 귀신도 많았으리라 짐작할 수 있습니다. 심지어 남편 바람기를 잡기 위한 주술적인 용도로 사용된 남근 목각이 다량 출토되기도 했답니다. 한편 《어우야담》에는 광해군 때 경운궁 승정원에서 숙직하던 이이첨이 큰 귀신과 작은 귀신의 무리를 목격했다는 이야기가 실려 있지요. 현대에 이르러서는 정동극장에 만득이라고 하는 꼬마 귀신이 출몰해 객석 뒷자리와 어두컴컴한 복도 구석에 웅크리고 있다고 합니다. 이화여고 기숙사에 나타나 학생들에게 릴레이 가위 눌림을 선사하는 귀신 이야기도 유명하고요. 격변의 근대사를 돌이켜보자면 확실히 정동에 적지 않은 수의 귀신이 붙어 있을 것으로 짐작됩니다.

하지만 이 정동 귀신들을 너무 염려할 필요는 없을 것 같습니다. 바로 정동길 한복판에 거대한 회화나무가 자리 잡고 있기 때문입니다. 한자로는 '槐花'라 쓰고 '회화'라 읽는데요, 이 '槐' 자는 '木(나무)' 자와 '鬼(귀신)' 자를 합쳐 만든 글자입니다. 즉 귀신이 나무에 묶여 꼼짝 못 하는 모양새가 되기에 예로부터 귀신 쫓는 나무로 널리 심겼다고 합니다. 게다가 정동길의 회화나무는 무려 수령 570년의 보호수! 실로 신령한 신목이라 할 만한 나무입니다. 이 거목을 보호하고자 캐

나다 대사관은 그 뒤쪽으로 살짝 물러난 곳에, 뻗어 나온 가지를 위한 공간까지 생각한 설계로 지어졌습니다. 이후로도 캐나다 대사관 측에서 성의를 다해 나무를 돌봐왔지요. 저 'Great White North'인들의 강건함과 거신목의 신령함이 굳게 결속한 결계가 정동길에 자리 잡고 있으니, 어찌 잡귀 무리 따위가 정동을 범할 수 있겠습니까. 안심하고 정동의 모던한 밤 산책을 즐겨주시기 바랍니다.

제10장

Formosa
No. 1

한편 시모노세키조약 비준에 따른
1895년 5월의 대만 할양은
많은 중국인을 경악케 했고.

청일전쟁 자체가 여러모로
거국적 쇼크긴 했는데;;

중국의 가장 큰 섬을
뜯긴 건 매우 직관적인
치욕이었다!!

과거 시험을 위해
베이징에 올라와 있던
대만 출신 선비들은
통곡 시위를 이어가고.

이제 일본 국적이 되는데
과거 시험 볼 수는 있음?!

일본 국적
싫은 사람들은
5개월 내에 대륙으로
떠나라는데?

고향이 여긴데
어떻게 떠나누;

대만 현지 분위기는
크게 뒤숭숭.

일본은
징병제라지?

음; 어쩔까나;;

어쩌긴 뭘 어째!
일본놈들한테 대만을
들어다 바치려고
이 섬에 들어온 게 아녀!!

대만순무 당경숭   대만군무 유영복

청불전쟁 당시 베트남의
당경숭·유영복 콤비(12권 등장).

청일전쟁을 맞아
대만 방어를 위해 파견되었다.

대만의 선비들은 모두
한뜻으로 일본에 맞서
싸울 것을 결의했소이다!

**대만 유림 필두
구봉갑**

순무께서 기준 잡고
이끌어주시오!!

대만 사람들
모두 한마음 한뜻!!

화끈하게 한판 붙어보지도 않고
허무하게 섬을 내줄 순 없지!!!

결단하시오!
순무!!

어; 이건 일단,
총독께
좀 물어봐야;;

어쩌죠?

ㄱㄱ!
질러버려!!

호광총독 장지동

양무운동의 거두 중 하나인 장지동은
좌종당 사후에 남방 양무의 독보적
대부로 자리하며 남방의 근대화를 이끌고 있다.

좌종당, 장지동,
둘다 ㅈㅈㄷ…

남방 중시
차원에서 대만 할양
결사반대!!!

아니, 왜 대만을 떼 주냐!!!
차라리 만주 쪽 땅을 더
떼 주든가 하는 딜을 쳤어야지!!!

대만의 중요성은—
그 섬 자체가 사탕수수, 각종 자원의
보물섬이라는 것 외에도

지정학적으로 중국이 태평양을 향해 내민 대마!
해양 경영의 주춧돌! 불침항모! TSMC!

이걸 하필 일본에
뜯긴다면, 쿠릴열도에서
일본 본토, 오키나와를 거쳐
대만까지 내려오는 저 무시무시한
도련선이 중국의 미래를 옥죄는
올가미가 될 것이외다!!

대만 할양을 막기 위해 장지동은
對영 차관 공작을 벌이기도.

영국에서
거액의 대출을 받고, 그 담보로
대만을 설정한다면!

일본이 감히 영국의
담보물인 대만을
건드리지 못하겠지?!

그리하여 1895년 5월 25일,
대만 민주국 선포!

대통령 당경숭

근데 저 국기
디자인 언 놈이 했냐

근데, 이제 뭐 함?
거창하게 대만 민주국입네,
대통령입네- 라곤 하지만
사실 뭐 없잖슴?

뭐가 없긴!!
있을 거 다 있수다!!

청일전쟁 때문에
대만에 박은 병력 3만 5천이
몽땅 다 우리 병력이고!

대만 지역 향용,
의병 다 합치면
수만은 될 거고!

흑기군, 회군, 광동군 등.

칼 들고 나가는 게
도움이 될까요?

대만에 이미
전신선이 깔려서
대륙과도 연결되어 있고!

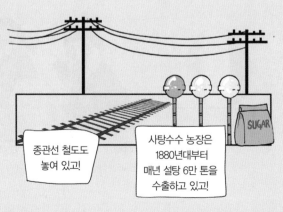

종관선 철도도
놓여 있고!

사탕수수 농장은
1880년대부터
매년 설탕 6만 톤을
수출하고 있고!

뭣보다
대만 200만 백성의
전폭적인 지지!

어, 음… 딱히
전폭적인 지지
까지는…

중국놈들
처발릴 꼬라지
꿀잼이겠네요.

원주민들은
딱히 관심 없다.

대만 민주국의
주 지지층은
객가 사람들.

대충 관망세인
사람들도 있고.

…;;;

이 모든 건 결국
대만 분쟁 지역화 →
열강 개입으로 대만의
일본 편입을 어떻게든
막아보려는 발악이기에…

사실 서구 열강이 관심을 좀
가져주면 좋겠는데…

아이고, 열강님들~
저 섬 개판 났네요~!
일본놈들이 저 동네
안정 유지할 능력 없는 듯!!
(개입해서 이득들 좀 챙겨보시죠~!)

사실 대만 민주국은 시작부터
이미 '청 황제의 번병이 되어
남해를 지키겠다'는
모토를 내세웠고.

그 연호
'영청(永淸)'은
'청나라여 영원히'…

뭐 솔직히 까놓고 말해
깽판용 기획 국가…
대만 민주국인가,
대만 민주국인가…

一方で(meanwhile),
일본은 초대 대만 총독 임명.

대만 총독은
내각 총리 산하로,
내각의 지휘를 받아야
하는 위치임을
명심하시오.

(황해해전 때
죽을 뻔한
군령부장)

하잇~!

가바야마 스케노리 해군 대장

왜놈들 지배
안 받는대!!
대만 민주국 건국!!

Taiwan No.1!!

엥?

WIS
DoM 대만 민주국 건국 선언

이게 뭔 수작입니까?!
대만 내놓기 싫다고
이딴 꼼수 깽판을 부리다니?!

**대만 이양 집행관
이경방**

아니, 저건 이홍장 각하의 뜻과는
상관없이, 남방에서 장지동 일파가
꾸민 일일 것입니다요.;;

쟤네 꾸짖고 제재하고
있습니다요.;;

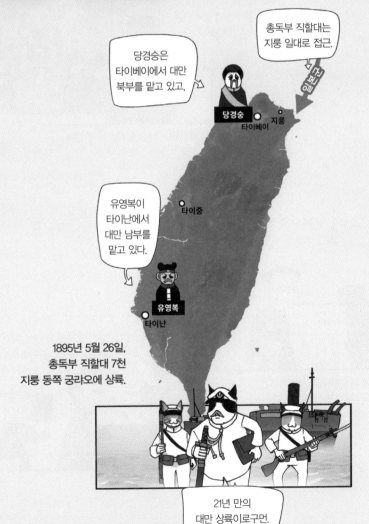

일단 총독부 직할 병력을 대만에 전개함과 동시에, 뤼순의 근위사단을 지원 병력으로 함께 파병한다.

총독부 직할대는 지룽 일대로 접근.

당경숭은 타이베이에서 대만 북부를 맡고 있고,

당경숭
타이베이 ○ 지룽

유영복이 타이난에서 대만 남부를 맡고 있다.

○ 타이중

유영복
타이난 ○

1895년 5월 26일, 총독부 직할대 7천 지룽 동쪽 궁랴오에 상륙.

21년 만의 대만 상륙이로구먼.

곧이어 5월 29일,
근위사단도 상륙.

아이고, 전하, 뱃길은
평안하셨습니까~

ㅇㅇ,
대만 덥군요.

근위사단장은 무진전쟁 때
동북 열번 동맹 맹주였던
그 토에이 대왕.

후시미노미야 요시히사 친왕(48세)

뭐, 천황의 양숙부인데
당연히 사면 복권이지.

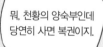

무진전쟁 후 어찌어찌 사면받고
독일 유학길에 오른 요시히사 친왕은—

베르타!! ♥

요시히사!! ♥

독일에서
귀족 미망인
베르타와 약혼.

이를 언론에 공식 발표한다.

오오!! 가십
드라마 쩐다!

134

But, 일본 정보의 강압으로 파혼하고
일본으로 돌아온다.

하,
사무라이가
패기 없네.

Tut mir leid!!

야;
난 사무라이가
아니라 황족;;

아무리 메이지 유신
인종 개량 어쩌고 해도,
황실에 서양 피가 섞이는
꼴이 용납될 리가…

어휴,
그때 많은 이가 친왕 전하의
열애를 지지했는데 말이죠!
여기 전하 출연하신
8권에 싸인 좀~

뭐, 결국 귀국해서
결혼하고 첩 5명 두고
자식 13명 낳았음.

으어; 올 게
왔구나;;;

지룽에서 타이베이까지 20km;
우리 병사들로 막을 수 있나?

일본군의 진군에
대만군은 제대로 된
저항 없이 모두 도주.

그 와중인 5월 31일,
타이베이 성내에서는―

이문괴가 이끄는
회군 병사들의 폭동 발발,

상관 방량원을 살해하고
약탈을 자행.

타이베이 성내는 사실상
무정부 상태가 되고.

이를 지켜보던 타이베이의
상인, 외국인들은 크게 우려.

이들은 타이베이의 안녕을 위한 교섭에 나서고.

각하, 어차피 그쪽 군대 통제도 안 되고,

일본군 오면 타이베이 불바다 될 텐데.

그냥 깔끔하게 탈출 버튼 누르고 도망가시는 게 어떨까요.

일본군과도 교섭.

저희가 민(?)주국 사람들 타이베이에서 깔끔하게 다 내보낼 테니, 일본군도 평화롭게 무혈입성하는 걸로 하시죠.

오, 콜.

사업가 고현영
(훗날의 친일 재벌)

1895년 6월 6일, 대통령 당경숭은 독일 석탄 운반선을 타고 대륙으로 야반도주.

아오;
귀신 섬 탈출은 지능순.

다음 날인 6월 7일,
타이베이 유지들의 안내로
일본군은 무혈 입성.

대만 일치(日治)
반백 년 하지마루요!!

저 섬이랑 우리가 무슨 관계가 있다고, 윗놈들 장난질에 목숨 바칠 일이냐.

타이베이와 대만 북부의 중국군 장병들에게는 모두 본토로 귀환하도록 배편을 마련해줌.

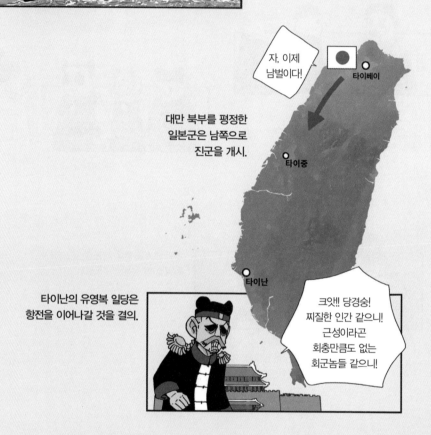

자, 이제 남벌이다!

타이베이

대만 북부를 평정한 일본군은 남쪽으로 진군을 개시.

타이중

타이난

타이난의 유영복 일당은 항전을 이어나갈 것을 결의.

크앗!! 당경숭! 찌질한 인간 같으니! 근성이라곤 회충만큼도 없는 회군놈들 같으니!

6월 26일, 유영복이 대통령 권한대행– 방판에 취임.

우리 흑기군, 객가 의병들이 주축이 되어 남쪽으로 내려오는 일본군에 맞서 싸운다!

물론 정면 대결은 피하고. 내가 베트남 있어봐서 아는데, 게릴라전이 답이다.

남쪽으로 내려오는
일본군의 보급로는
타이베이에서부터
길게 늘어지고.

옳거니,
방심했구나.

Die!! Jap!!!

으악?!
산적인가?!

대만
의병이다!!

야! 거기 서…

퍽

뒤통수가
비었어!!

7월, 치고 빠지는
게릴라 전술로
일본군의 남진 계획은
크게 방해를 받게 되고.

꾸엑…

하지만 게릴라 전술은 필연적으로
보복을 부르게 되어,

산간 수십 개 마을이 일본군에 의해
불타고 주민들이 몰살당하게 된다.

이 뭐 시작부터
양민 학살로
시작하냐?!

응, 양민 아냐.
게릴라들 여기
다 숨어 있어.

하, 안 되겠음.
지원 병력 좀
보내줘요;;
에이스로 좀;;

2사단장
노기 마레스케

이에 8월, 2사단 병력 증파.

병력
많이 축남?

하;
전투 같지도 않은 짜잘한
전투로 잃은 병력은
얼마 안 되지만…

저 모기 새퀴가
제일 무서운 것이니…

이이이잉

여름을 맞아 일본군은 천 단위로
풍토병에 의해 죽어나가기 시작.

말라죽나!
말라리아!!

걸레라!
콜레라!!!

이는 존비귀천을
가리지 않는 것이었으니.

1895년 10월 28일

후시미노미야
요시히사 친왕
말라리아로 사망.

…메이지 신정부놈들의
평생 괴롭힘으로…
마지막까지 고통받고 갑니다.

140

End of
Epilogue

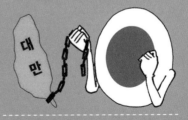

이 싸움,
제대로 된 육군
지휘관이 맡겠다.

· · · · ·

1895년 8월, 前 육군대신
다카시마 도모노스케 중장이
대만 부총독 겸
남정군 사령관으로 착임.

타이베이
(대만 北)

일본군은
대만 중부 거점 도시
타이중을 향해 진공.

타이중
(대만 中)

정말 직관적인
지명들이죠.

타이난
(대만 南)

8월 28일, 타이중을 두고
이 전쟁 최대 전투인
바구아산 전투 발발.

흑기군은
윈체스터 연발 소총에
크루프 17cm 포도
갖췄지!!

대만 군무장관
이병상의 지휘하에
흑기군 5천 + 의병 약 1만.

일본군 약 1만.

바구아산 전투에서
흑기군 주력 궤멸.

이제, 토비들의 근거지
타이난을 향해 최종 공세!!

8월 말, 노기의 2사단이
대만 남부 헝춘반도에 상륙해
남쪽에서부터 진공 개시.

그리고 10월 10일,
타이난 주변 항구들에
함포 사격과 함께—

양안 위기의
파국인가?!

4여단 병력의 타이난 북부
상륙작전 개시.

간만에 문제아
형님 만나서
금문고량주 한잔
빨겠구먼.

4여단장 후시미노미야 사다나루 친왕
(요시히사 친왕의 이복동생)

쪽 shall
not pass!!

아니, 대만군에는
아줌마들이
왜 이리 많아?!

3면에서 밀려오는
일본군을 맞아 벌어진
타이난 전투는 소년병들과
아줌마 부대까지 동원된
치열한 것이었으니.

객가 사회는 여성의
지위와 참여도가
높아서 그렇다!

So… 대만평정 중
민간인 마을에 대한 학살이
잦았던 건, 여자들도 충분히
게릴라로 의심되었기 때문이죠.

그걸
이유라고 대냐?!

그 민간인 학살 중에서도
타이난 전투 중 벌어진
샤오룽 마을 학살은
특히 사람들에게 충격을 줬으니.

마을 주민
2천 명을 싸그리
몰살??;;

이건 아무리
일본군이라도
좀 심한데?!?

So, 이 학살의 이유에 대해
사람들이 이런저런 추측을 했고.

저런 급발진에는
분명 이유가 있기
마련이지.

○○, 아무리
일본군이라도
아무 이유 없이
저러진 않을 것.

이는 마침, 그 즈음에
요시히사 친왕이 사망했다는
사실과 맞물려─

아, 저요?

요시히사 친왕이 말을 타고
샤오룽 마을을 지나가던 중,

끄악??!
서술이 묘하게
구체적인데?!

어느 협객이 긴 장대에 달린 낫으로
친왕의 목을 베어 죽였다고 한다!!

이에 광분한 일본군이
샤오룽 마을 전체를
본보기 삼아 몰살했다는 것.

대만 토비가 감히
일본 황족의 목을 따?!!?

한때 동무천황으로까지
불리셨던 분을?!!?

뭐, 그런
설도 있고…

이 요시히사 친왕 암살설은 대만인 사이에서
꽤 오랫동안 정설로 여겨왔다고 한다.

말라리아로
죽었다던데?

타이페이의
요시히사 친왕 신사

그건 일본놈들이
쪽팔려서 거짓말로
발표한 거고.

아무튼, 3면에서 옥죄어오는
일본군의 타이난 진공에—

음… 이건 확실히 답 없다;;
명예로운 항복이라도…

유영복은 영국 영사에게
항복 중재를 부탁.

명예로운 항복을
청하던데요.
저쪽 인원 다 대륙으로
안전하게 철수를…

다카시마는 중재를
단칼에 거절.

하, 유영복이 무릎 꿇고
기어 와서 용서를 빌면
고려해보리다.

결국 1895년 10월 20일,
유영복과 대만 민주국
수뇌부는 타이난성을
빠져나와 야반도주.

하; 베트남 때도 그렇고,
난세에 근거지 하나 잡고
큰일 도모하기가
쉽지 않구나…

…현실은 삼국지가
아니에요…

그렇게 영국 상선 탈레스호를
타고 샤먼으로 향하던 중,

잠깐! 멈추시오!!
잠시 검문이
있겠습니다!!

샤먼 앞바다 공해상에서
일본 통보함 야에야마호의 임검.

공해상에서
감히 영국 배를 임검??
임거어어어엄?
눈이 찢어져서 깃대에
유니언잭 안 보이심?

이 배에
대만 역적 수괴 유영복이
타고 있다는
첩보가 있으니,
수색해 연행하겠소.

노동자로
변복해 숨었다.

응. 족가.

탈레스호 선장의
강력한 거부로
결국 억류 10시간 만에
야에야마호는
임무를 포기하고 떠남.

이 족바리놈들, 청일전쟁을
영국 상선 격침으로 시작하더니
그 에필로그도 영국 상선
능멸로 마무리 짓냐?!?
수미쌍관 쩌네!

흐..

언젠가 이쪽 바다의
주인이 누가 될지
두고 보자고.

탈레스호 사건은 잠시 영일 간
소소한 외교적 분쟁거리가 되기도.

크악!! 상선의 손해 변상하고!
관련자 처벌하고!!
영국 상선기에 사죄의
경례를 시키시오!!!

아, 늬예~ 늬예~
야에야마호 함장
잘랐습니다요~

Meanwhile, 유영복이 떠난 타이난에서는
외국인들과 지역 유지들 대표가 일본군 사령부와 접선.

유영복과
수뇌부 다 떠났으니,
타이난에는 평화롭게
무혈입성하시지요.

선교사
버클레이

타이베이
무혈입성과 같은
형태로 말이죠.

그렇게 1895년 10월 21일,
일본군 타이난 무혈입성.

이렇게 을미전쟁(中),
대만평정(日)은
일본군의 승리로 끝났습니다!!

대만 카스텔라
다 뒤졌다!!

대만평정과 비슷한 시기에
조선에서는
을미사변이 있었으니,

타이난 함락
1895년 10월 21일.

을미사변
1895년 10월 8일.

이렇게
청일전쟁의 두 에필로그가
다 마무리된 것!

이 대만평정- 을미전쟁의 대만 측
전사자는 약 1만 4천 명으로 추정.

민간인 희생자는
확실치 않은데
10만 명이란
설도 있다.

일본군 전사자는 164명.

근데 말라리아, 콜레라 등에
의한 병사자가 5320명…

ㅎ~ 먹히는 와중에
대만의 왜놈 Kill 수가
조선의 한 10배 넘는 듯?

아니, 모기가
다 한 거잖아…

이후에도
대만 민주국 잔당이 산악,
정글로 숨어들어
1902년까지 저항을 이어갔고.

아니, 왜
이렇게까지?!

이 전쟁의
원한 때문이지!!!

총병 이유의

동부 산악 지대의 원주민 평정은
또 다른 이야기.

중국놈들은
이 섬의 최약체일 뿐.

자, 이렇게
대만이라고 하는 큼지막한 신영토,
이를 다스릴 대만 총독이라는
큼지막한 감투가 생겼는데~

아, 그거
저 주세요.

아니, 신영토는
헌정 아래 의회의
통제를 받아야지.

역시 큰 떡은 노리는
놈들이 있는 법…

새로 생긴 큼지막한 땅덩어리와
300만 인구를 어떻게 취급할 것인가.

당연히! 제국 헌법 체계하,
평범한 일본의 지역 현으로
만들어야지요!!

그것이 영토니까!!

그리고
우리 정당인들이
신영토 행정 기구에
쭉쭉 진출하고~

의회 정당놈들이
신영토에 침을
바르고 싶어 한다…

150

아아, 신영토는 본토와 같은 시스템으로 다스리기에는 무리가 많은지라 좀 다른 체계로 가겠습니다~

어, 어;; 헌법은 모든 영토에 미치는 것인데~ 뭔 다른 체계;;;

아, 제국 본국의 헌법과 의회가 식민지까지 다 포괄하지 않아도 됩니다.

사법 고문 커크우드

그냥 군주의 대권하에 있는 걸로 ㅇㅋ.

So, 대만은 헌정의 테두리 바깥에 총독부를 두어 통치합니다.

(그러니 대만에도 대만 의회를 만들어주는 게…)

올키! 총독 감투는 번벌- 군부가 띰!

아무튼 내각 지휘하에 있는 총독이니 총리 말은 잘 들어야 함.

그렇게 대만에서의 입법권과 행정권은 총독부가 다 행사하는 걸로.

크앗!! 위헌 아녀?!

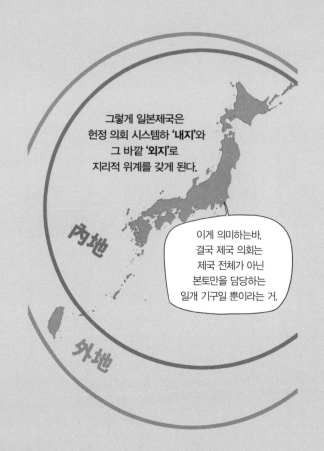

그렇게 일본제국은
헌정 의회 시스템하 '내지'와
그 바깥 '외지'로
지리적 위계를 갖게 된다.

이게 의미하는바,
결국 제국 의회는
제국 전체가 아닌
본토만을 담당하는
일개 기구일 뿐이라는 거.

그리고 이제 새로 제국에 편입된
300만 대만인에 대해서는—

헌법 시스템 바깥인데
법적으로 일본인?

어허, 일본인이 되는데
헌법 어쩌고는
상관없는 것이야!

천황 폐하에 대한
충심만이 일본인의
유일한 자격 조건이다!!

그렇게 일단 동화 정책을
바탕에 깔고 가기로 합니다.

이는 대만인이라는
피정복민을—

일본어만 쓰고!
일본 역사만 배우고!

열등 복속민

우월 일본인

이얍!
동화동화~ 빔!!

동화 정책으로 동등하게 우월한
일본인으로 만들어주자는 거?

우월 일본인

그럴 리가 있나!!
저 열등 종자들이 어찌
순혈 야마토의 자격을
쉽게 얻을 수 있으리오!!

우월 일본인

헌법 체계 바깥 외지에서
제국 의회와 상관없이,
참정권 없이, 다른 법– 총독령으로
지배받는 복속민이 일본어 좀
배운다고 일본인 대접
받을 수 있을 리가!

정복 전쟁은
영토와 배상금뿐 아니라,

국민에게
그들 아래 둘 수 있는
하위 카스트를
전리품으로 안긴다.

아래를 내려다보며 느끼는
우월감에 도취된 국민은
위를 올려다보지 않는다.

우에까라메센
쾌감!

1등 국민

1등 국민이 성립되려면
2등 국민이
존재해야 하지.

그렇게 우리가
이끌어줘야 할 열등한
2등 국민이라는 발밑 존재를
제공받은 1등 국민은—

그런 세계관을 계속 확장하는
번벌− 군부의 제국주의 방향성에
열광적 지지를 보내게 된다.

이것이
제국의 길!

우월 순혈 1등 국민

민권이니,
데모크라시니,
그딴 건 이 방향성에
걸림돌일 뿐이지!

그렇게 업무를 시작한 대만 총독부.

이 보물섬, 아주 뽕을 뽑게 개발해버린다!!

설탕 생산 100배로!!! TSMC 칩셋 증산!!

하지만 1900년대 초까지 이어진 저항과 전염병으로 대만 경영은 막대한 인명과 자금을 소모하게 된다.

크억; 귀신섬이다; 귀신섬;;

이 똥섬, 그냥 프랑스에 1억 엔 받고 팔아버리지? ※실제로 나온 말

그런 난관 속, 행정력과 치안력의 부족으로 통치 초기 총독부는 시골 부락들의 주민 관리를 위해 보갑제 도입.

청나라 초기의 그 보갑제?!

○○, 한 집이 세금 안 내면 그 보의 열 집이 다 뿜빠이해서 채워 내야 하고,

어느 한 집에서 게릴라 한 놈 나오면 그 보의 열 집에서 한 놈씩, 총 열 명 처형함.

이딴 게 근대화된 식민 통치 기구?!

뭐 딱히 우리랑은 관련 없는 얘기잖슴?

......

관련 없는 거 맞지?!;;

...
Meanwhile,
조선에서는ㅡ

굽씨의 오만잡상

타이베이 성문 앞에 도달한 일본군에게 상인들의 입성 청원서를 전달하며 향도 역할을 한 상인 대표 고현영은 식료품 상회와 석탄 운송업에 종사하던 소상인이었습니다. 그렇게 일본군이 대만 점령을 시작하자마자 빌붙은 고현영에게 대만총독부는 소금과 아편, 담배 전매권을 하사했지요. 이를 바탕으로 설탕과 쌀, 부동산, 통조림, 목재, 바닷고기 등 다방면으로 문어발식 확장을 추구한 고현영은 대만을 대표하는 친일 재벌로 급성장했습니다. 그리고 지속적인 친일 행위와 헌금의 대가로 일본 귀족원 의원까지 된 후인 1937년 도쿄에서 편히 영면했습니다. 고현영은 당대에 이미 대만과 대륙 양안에서 일제의 주구이자 매판자본가로 비난받았기에, 일제 패망 후 사람들은 고씨 가문이 국민당 정부에 탈탈 털려 망하기를 기대했지요. 하지만 고씨 가문은 이미 이런저런 라인을 동원해 장개석 측에도 보험을 들어놨으므로, 국민당 정권하에서도 여전히 대만의 대표 재벌로 가세를 이어갈 수 있었습니다. 고씨 가문을 포함한 20세기 대만의 5대 가문(고씨, 그임씨, 진씨, 안씨)이 다 저런 식으로 친일을 통해 부를 쌓았고, 국부천대 이후에도 정경유착을 이어가며 대만 경제를 지배해왔다지요. 뭐, 오늘날에야 구 5대 가문은 잊히고, 신 5대 가문이 등장해 대만 경제를 대표하며 명성을 떨치고 있다고 합니다만. 고현영을 필두로 하는 5대 가문의 사례처럼, 그 경제사의 단절 없는 DNA가 식민지 근대화론에 대한 대만과 한국의 시각 차이를 만들었다고도 볼 수 있겠습니다.

제１２장

대관식

공사관에서 제일 좋은
베공사 방을 내주다니
매우 스파시바하오.

수세식 화장실
하라쇼~!

원, 귀하신 곳에
누추한 옥체를 길게
모심이 송구하옵니다.

이리 계속 신세짐에
민망한 마음 가득이오만,

아무래도 우리 병사들의
무력이 미덥지 못한지라
환궁이 쉽지 않소이다;;

부디 러시아군과
교관들이 와준다면
불안이 없겠소만…

아아, 그 문제는 제 선에서
어찌할 수 없는 일입니다만…
마침 좋은 기회가 있습니다.

흠?

158

작년에 즉위하신 저희 차르께서 올 5월에 대관식을 치르시는지라, 조선에도 초청장을 보내왔습니다.

이를 기회로 모스크바에 특사를 파견해 뜻하시는 바를 청해보심이 어떠하시온지요.

ㅡ그런 연유로, 러시아 황제 대관식 축하 특사로 가서 수고 좀 해줘야겠다.

평생 소원, 세계 여행 개꿀 성은이 망극하옵니다~!

임금의 외사촌동생 민영환
(임오군란 때 맞아 죽은 민겸호 아들)

그렇게 러시아 황제 대관식 축하 사절단은ㅡ

대표에 궁내부 특진관 민영환

영어 제일 잘하는 사람.

제1비서에 학부협판 윤치호

제2비서에 역관 김득련

민영환의 하인 손희영

연해주 거주 조선인으로 특채된 외부 주사 **김도일**

러시아 미션스쿨 다니다가 노어 통역으로 불려 왔죠.

러시아 공사관 통역 E. F. 시테인

1896년 4월 1일, 서울을 출발한 사절단은 일단 상하이로.

근데 상하이에서 서쪽 루트로 가는 배편이 여의치 않아 동쪽 루트로 가기로 합니다.

그리고 사실 미국을 좀 둘러보고 싶기도 했고.

상하이에서는 프랑스 호텔에 머무르고 있는 한때의 세도가 민영익도 만나고.

아니, 영익이 형, 서울이 몇 번이나 뒤집어질 동안 상하이에 계속 짱박혀 있던 거임??

여기서 대체 뭐 함???

뭐, 대충 주상의 해외 계좌 관리하는 거라고 알고 있어라~

일본에서는 도쿄에 체류 중인 의화군도 예방하고.

아, 글쎄 게이오에 유학 중인 조선 학생 3명이 돈 들고 튀려다 걸렸지 뭡니까;

아, 내가 턴 거 아니니 안심하세요.

주일 조선 공사
이하영

의화군 이강
(임금의 차남으로
장귀인 소생 서자)

계속 서쪽으로 향한 일행은 4월 29일, 벤쿠버 도착.

기차 타고 뉴욕, 워싱턴으로.

이 세계 여행의 자세한 내용은 김득련이 기록으로 남긴 《해찬주범》을 참조하도록.

인터넷 유머 게시판에 그 발췌 내용이 '발레를 처음 본 조선 선비.txt' 등의 제목으로 돌아다니는 듯.

워싱턴에서는 주미 공사 서광범이 일행을 맞이한다.

원, 김홍집 내각— 갑오 친일파놈들, 항상 극혐했지요~ㅎ

전 언제나 정동파를 응원했다는 걸 알아주세요~ㅎ

쿨럭

폐병 걸림.

갑신정변 수괴 주미공사 서광범

부디 주상께 제 충심을 잘 말씀해주십사;; ㅎㅎ

아, 그리고 이번에 미국에서 장학금 받고 입학할 아주 똑똑한 아이입니다. 미래의 대신 감이에요~

김규식(17세)

폐병으로 1년 후 사망.

(저 양반 공사직 해임 통지 윤대감이 말해주지 않겠소?)

(싫습니다;)

5월 15일, 리버풀에 도착한 일행은 런던, 네덜란드, 베를린을 거쳐 5월 18일, 바르샤바 도착.

리버풀은 5월 중순이 딱이지

런던 아케이드 상가 쩔더만요.

우리도 피맛골 같은 데 철골 유리 지붕 올리면 어떨까요.

백 몇십 년 전, 대국이었던 폴란드는 주변국들의 분할로 멸망, 고도 바르샤바는 차르의 자애로운 통치하에 놓여 있지요.

아아, 남 일 같지가 않다;;

(꼬레아? 동양의 러시아 앞잡이 놈들인감?)

(아니, 언젠가 도움이 될 수도 있는 놈들 같아.)

1896년 5월 20일,
드디어 모스크바 도착.

우라아아아!!

우라우라하구먼.

각하, 조선 사절단이
모스크바에 도착했답니다.
혹, 접견 생각 있으시면…

음…

일찌감치 서쪽 항로로 수에즈를 통과해 오데사에서
특별열차 타고 모스크바에 온 이홍장.

조선놈들이
청은 강제 손절하고
러시아로 환승하려고
발악하고 있구먼…

뭐 전쟁 졌으니
할 말 없지만…

악담이나 좀
해줄까…

전하,
조선 사절단이
모스크바에 도착했다
하옵니다.

윙?
조선놈들도?

차르 대관식 축하 일본 사절단장
후시미노미야 사다나루 친왕

아아, 이번에 아주 확실히 러시아에 눈도장 찍고 붙어먹으려는 모양이죠.

세상이 그리 만만하지 않다는 걸 남의 공사관에 짱박힌 찌질이 임금에게 확실히 보여줘야겠습니다.

부단장
야마가타 아리토모

모스크바 총독부

에, 뭐, 그렇게 청, 일, 조선 똥양인들 다 왔고요.

태국, 멕시코, 칠레 사절단도 도착.

영국에서는 여왕의 3남 아서 왕자가.

독일 각지의 왕공들도 단체로 체크인했습니다.

외무상
로스토프스키 백작

○○, VIP 손님들에게 러시아의 따뜻한 손님맞이를! 홍차와 초코파이, 도시락에 부족함 없도록 하시오!

모스크바 총독
세르게이 대공
(황제의 삼촌)

옙, 전하.

164

아, 근데… 대관식 비용이 이미 예산을 초과한 지 오래라;; 카드를 더 긁어야…

하;;

재무상 비테

보시오!! 이 대관식은 19세기의 마지막 Big 그레이트 국제 행사!! 19세기가 이룩한 모든 성취의 피날레 퍼포먼스를 모스크바가 전 세계에 내보일 수있는 기회라고요!!

이 대관식이 바로 러시아의 EXPO!! REXPO! 제국의 영광을 천하만방에 떨칠 절호의 기회에 돈 몇 푼 가지고 벌벌 떨지 마시오!

지멘스社를 불러다가 모스크바 전역에 수만 개의 전등으로 사상 최대의 루미나리에 설치!!

우와아아아아!! 이것이 다가올 20세기의 풍경인가! 청계천에도 가능?!

뤼미에르社의
영화기사들을 불러다가
사상 최초로 대관식 全 과정을
다큐멘터리 영화로 촬영!

영세무궁토록 재생될
제국의 영광.mp4!

유튭에도 올림!!
※진짜로

박제당했다;

백성에게 나눠 줄
무료 기념품도 제작.

황제 부부의
초상화 & 궁궐을
프린트한 스카프와

황제의 이니셜과
황실 문장을 프린팅한
에나멜 머그컵.

이걸 40만 세트 만들어서
대관식 4일 후에 배포할 것.

장엄하도다.

1896년 5월 26일,
콘스탄티노플 황좌를 계승하는
전통적인 대관식 의례에 따라
성유가 니콜라이 2세의
이마에 찍히고.

정말 모스크바가
제3의 로마 맞는 듯.

전 세계가 감탄한
화려한 대관식은
마무리 페이즈로.

이 제국도 앞으로
천년은 갈 것 같아.

보제, 차리야 크라니!

대관식 4일 후인 5월 30일,
모스크바 교외 호딘카 들판에서
시민들을 위한 연회가 열리는데.

대관식 기념품, 술, 간식의 무료 배포를 위한
150여 개의 부스와 20개의 가건물 설치.

대관식 기념품 세트
언박싱해봤습니다~

중앙아시아산 목면으로 짠 면직물
스카프에 담긴 흰 빵과 쿠키, 소세지.
황실 문장 에나멜 머그컵에
견과류가 듬뿍~
꽤 혜자 구성이죠.

7번 부스에서는 컵에
기념 금화 하나씩
담아준다더라!!!

우와아아!!

Что!!

Какие!?

What!?!

우라라라라라라라라라

굽씨의 오만잡상

톨스토이와 도스토옙스키와 인터넷 만담가를 섞은 듯한 글을 쓴다는 보리스 아쿠닌(Boris 惡人). 제정 러시아를 배경으로 말단 형사 에라스트 판도린이 활약하는 역사 추리소설 시리즈로 유명한 작가입니다. 전체 시리즈가 3000만 부 넘게 팔린 베스트셀러로 국내에도 그중 세 개 작품이 번역, 출간되어 있지요. 그 시리즈의 일곱 번째 작품이 바로 니콜라이 2세의 대관식을 배경으로 하는 《대관식(Коронация, или Последний из романов)》입니다.

이야기는 판도린 시리즈의 빌런인 린드 박사가 황제의 조카를 납치하고 몸값으로 황실의 거대한 다이아몬드를 요구하면서 시작됩니다. 판도린이 일본인 조수 마사와 함께 사건을 풀어나가는데, 이게 사실 그렇게 간단한 사건이 아니었고, 점차 대관식을 둘러싼 거대하고 복잡한 음모로 이야기가 착착 고조되지요. 제정 러시아의 석양을 배경으로 작중 화자인 대공가 집사 지우킨이 (《남아 있는 나날들》의 집사 안소니 홉킨스처럼) 품위 있는 시선과 장중한 문체로 이야기를 풀어놓습니다. 이 소설은 대관식의 화려함과 웅장함뿐 아니라 당시의 사회적·정치적 긴장감을 탐구합니다. 결국 호딘카의 비극으로 이어지는 이 큼지막한 이야기에서 작가 아쿠닌의 자국 근대사에 대한 양가적 감상을 엿볼 수 있습니다.

이 대관식 때 나눠 준 기념품 중 에나멜 머그컵은 호딘카 참사를 상징하는 물건으로, 이른바 '슬픔의 컵(Cup of Sorrows)'으로 불립니다. 이 별칭은 알렉산드라 황후가 그리 부른 데서 기인했다고 합니다. 수십만 개가 풀린 물건이기에 오늘날 골동품 시장에서 어렵지 않게 구할 수 있는데, 그중에는 보존 상태가 훌륭해 흠집 하나 없이 쌔삥한 물건들도 있지요. 그런데 에나멜이 벗겨지고 안에 녹까지 슨 물건을 500달러라는 바가지 가격에 팔아먹는 경우도 있으니 주의하시기 바랍니다. 또한 놀랍게도 당시 이 컵과 함께 나눠 준 쿠키도 기름종이 포장지에 그대로 싸여 형태를 유지한 채 옥션에 올라와 있습니다. 그건 아마 '슬픔의 쿠키'라 불리겠지요.

제 1 3 장

모스크바 미팅

1896년 5월 30일,
모스크바 교외 호딘카 들판에서
흥분한 군중이 몰리며
대규모 압사 사고 발발.

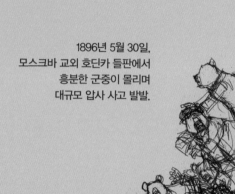

으아아아아??!
대관식 기념 축제에서
압사 사고로 천 몇백 명이
죽었다고?!?!

WIS
DOM
압사 사망자 1300 이상

나흘 전에
성유식을 치른
차르는 크게 경악.

어어어;; 남은 일정 다 취소하고;
사고 유족, 부상자 위문하고;
교회에 애통의 기도 드리러 가야;;

어;; 오늘 밤
취소할 수 없는
일정이 있습니다만;;

프랑스 대사가 주최하는 축하 무도회는 아무래도 취소할 수 없을 것 같습니다;;

무도회에에에???!?

프랑스 대사가 반년 전부터 심혈을 기울여 준비한, 프랑스 공화국의 체면이 걸려 있는 무도회입니다;;

이 무도회를 위해 베르사유와 퐁텐블로에서 식기류와 테피스트리를 대량 수송했고,

프로방스의 장미 1만 송이도 생화로 운송했지요!

**프랑스 대사
몽테벨로 공작**

아니, 뭔 베르사유를 통째로 뜯어 왔다고 해도 안 되는 건 안 되지!!!

사람 1300명이 죽었는데 무도회라니, 천하의 사이코패스 인증할 일 있남?!?

**알렉산드르
미하일로비치 대공**
(황제의 당숙이자 매형)

아니!! 천하인은 때로
범인의 감각으로는 이해할 수
없는 길도 걸어야 하는 법!!
이 무도회는 거를 수 없다!!

세르게이 대공
(황제의 삼촌)

예???!?

이 무도회는
러불동맹의 공고함을
천하에 과시하기 위한
자리인데,

야; 저 오늘
약속 취소요;;

이를 당일에 취소한다면 각국에
의혹이 일어 제국 외교의
대계에 적잖은 암운이 될 것!

헉; 내가 뭘
잘못했나;;;

오? 저 동맹은
순조롭지 않은 듯?

아니,
대체 누가 그런 식으로
바라보겠습니까;;
백성은 이를 절대
곱게 보지 않을 겁니다;;

쿵, 어차피 축제 기념품
얻으려다 죽은 거잖아.
백성은 별 감정 없을 거고
윗전을 원망하지도 않을 거임.
ㅇㅇ

자, 파티 시간 늦지
않게 빨리 가자.

172

…할애비 몽테벨로 공작은
아우스터리츠에서
러시아군을 무너뜨렸고,

나폴레옹의 심복
1대 몽테벨로 공작 장 란

장란을
실시한다!
러시아 쌔이!

손자 몽테벨로 공작은
모스크바 무도회에서
러시아 황실을
무너뜨리겠구나;

駐러시아 대사
3대 몽테벨로 공작
귀스타브 란

호단카 참사 당일 밤,
황제 부부는 프랑스 대사의
무도회에 참석.

굳은 표정으로 회장을
일순한 후 바로 퇴장한다.

음;; 솔직히 무도회 강행이
2차 참사가 되었다는 걸
인정하지 않을 수 없다…

주님의 자애가 함께하길
차르가 기도하리라.

이후 차르는 참사 사망자
유가족과 부상자들을 위문하고
내탕금을 털어
상당한 위로금을 하사.

으음;; 이걸로
수습 가능할까;;;

그러나 이미 반정부 스피커들에 의해
호딘카 참사 직후 차르의 무도회 참석은
사이코패스 피의 대관식 신화로 가공되어
천하가 혀를 차게 만들었다.

새 차르,
사람 새끼
맞음??!

블라디미르 레닌(27세)

그렇게 새 차르의
첫 발자국부터
제국의 붕괴를 향한
균열의 실금이 쩌적…

君舟民水- 임금은 배요,
백성은 물일진대,
배가 어찌 저리 물기운을
살피지 않고 무사히
떠가길 바라겠는가.

"러시아 황제의 저 처사는
중국에서라면 상상도
할 수 없는 일."
※실제로 한 말

아, 예.
애신각라씨 황통이
더 길게 갈지,

로마노프씨 황통이
더 길게 갈지는
역사가 판정해주겠지요.

쯧 쯧 쯧~

외무상
로바노프 로스토프스키

애신각라씨가
이길 거라는 데
만주를 걸겠소.

뭐, 지난번 삼국간섭의
정산을 치러야 하니까,
만주는 어차피 이 협의
테이블에 올려놓으셔야지요.

1896년 6월,
로바노프와 이홍장 회담.

핫하!! 다시
대륙으로!!

가장 중요한 의제는
저 기고만장한
일본에 대한 대응책.

일본이 조선을 결국 침탈하고
중국으로 다시 쳐들어온다는 건
매우 가능성 큰 시나리오.

이에 대응하기 위해
청과 러시아는
일본을 대상으로 하는
비밀 공수 동맹을 맺기로 한다.

섬나라 토인이
대륙 대국들에
너무 깝치는구나!!

〈일본이 청을 치거나
러시아를 치거나
조선을 집어삼킬 경우
청과 러시아는 동맹을 맺고
일본에 맞선다.〉

〈전시 중국 모든 항구를
러시아 함대가 이용할 수 있다.〉

이 동맹의 성의 표시로
청은 러시아에 만주를
교통로로 제공한다.

바이칼 호수까지 깐
시베리아 철도가
블라디보스토크까지
최단 거리로 이어지는 루트는
만주를 통과하는
노선이지요.

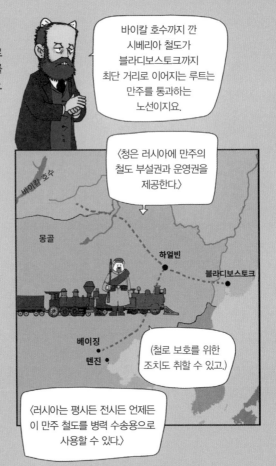

〈청은 러시아에 만주의
철도 부설권과 운영권을
제공한다.〉

(철로 보호를 위한
조치도 취할 수 있고.)

〈러시아는 평시든 전시든 언제든
이 만주 철도를 병력 수송용으로
사용할 수 있다.〉

〈시베리아 철도와 연결될
만주 철도의 공사,
운영을 위해
러청은행을 설립.〉

그리고 사실
러청은행의 쩐주는
프랑스지요.

이렇게 철도 이권을 통해 만주가
러시아 세력권이 되는
모양새가 된다 해도…

향후 일본의 야망을 고려한다면,
러시아를 만주로 들임은
이이제이의 방책이라 할 만하다…

그렇게 1896년 6월 3일,
〈러청밀약〉 체결.

이홍장에게는
러청은행의 커미션으로
50만 루블이 건네짐.

ㅎㅎ~ 웃으시죠
대인~

웃을 일인감?

...
웃을 일이네...

저 영감탱이가
러시아놈들과 먼저
뭘 쑥덕거리고
가는 모양인데...

러시아 홍차 위엄에
넋이 나간
모양인데요?

야마가타 아리토모

駐러시아 대사
니시 도쿠지로

로바노프는
이홍장에 이어 야마가타와
조선 문제를 놓고 협의 시작.

뭐, 이미 서울에서
러일 양국 공사가
협의한 내용이 있으니
그냥 그 내용 그대로...

아, 그런 미봉책 말고
아싸리 남자답게
통 큰 결착
어떻습니까?

예?

깔끔하게 한반도를
39도선으로 반땅해

북쪽은 러시아가,
남쪽은 일본이 먹는 걸로 하죠!

평양

39도선

서울

뭐, 답답하게 에둘러
양국 군대 출병이 어떻고,
조선 내정 개혁이 저떻고,
변죽만 울리지 말더라고!

(뭐라는겨;; 미친
또라이 사무라이가;;;
사무또라이??)

(아니,
그리고 ㅅ#b놈아,
39도선은 반반이
아니잖아?!?)

아, 저, 미스터 야마가타.
아무리 제국주의 시대라 해도…

열강끼리의 외교라는 게 무슨
야쿠자들 나와바리 나누듯이
하는 게 아니라고요;;

아니긴 뭘 아니여!
위선 떨지 마쇼.

아, 됐고! 그냥 지난번 서울에서 양국 공사 간 맺은 〈베베르-고무라 각서〉 내용 그대로 추인하는 거만 합시다.

쳇.

〈러일 양국은 조선에 공동으로 재정 개혁을 권고하고 필요시 공동 원조한다.〉

〈일본의 한반도 남쪽 전신선을 존중하고, 러시아도 한반도 북쪽 전신선 가설 권리를 갖는다.〉

〈만약 양국 군대가 조선에 출병할 경우, 우발적 충돌을 막기 위해 사이에 중립지대를 설정한다.〉

군사적 거리 두기.

1896년 6월 9일, 〈로바노프-야마가타 의정서〉 체결.

이 의정서의 유효기간은— 조선 군대가 제대로 굴러가게 되면 둘 다 손 떼는 겁니다?

어… 음…;;;

왜구 두목이
똥 씹은 표정으로
나가는데요.

러시아 홍차가
악명 높잖습니까.

청과 일본 대표 모두
러시아 외무상과
뭘 약정했나 본데, 둘 다
성과가 별로인 모양이군요.

일단 민영환 일행은
황제 알현에 성공했고.

대러시아 제국
황제 폐하와 저 할매…

유명한 황제 에미 드립도 나왔고.

황제
에미십니다.

180

차르가 조선 정치에 의외로 해박해
일행을 당황시키기도 했고.

민영환도
로바노프를 만나
마음의 편지를 상신.

우리 주상께서는
연대급 병력과 훈련 교관,
내각 고문단,
그리고 차관 300만 엔을
간곡히 바라십니다.

(후;; 대충
무리라는 제스처.)

그래, 그래. 마음고생이 많은가 보구나;;
근데 병력 파견은 일본과 다른 열강들
사정 때문에 좀 무리고.

돈은 나도 프랑스에서
꿔다 쓰는 처지란다…

뭐, 일단 조선 내정과 재정 상태를 파악할 전문가 두세 명 보내드리도록 하겠습니다.

그리 개혁을 잘할 거 같으면 우리 러시아부터 개혁했겠지만…

1896년 6월 30일, 로바노프의 〈대조선 회답항목〉 교부.

공사관 병력 증강 가능 (천 단위 병력 파견은 무리). 군사 교관 파견 검토. 경제 고문 파견 가능 (차관 제공은 무리). 조러 간 전신선 가설.

하, 이래서 다들 똥 씹은 표정하고 나간 거구나…

아, 님들 조선 돌아갈 때는 시베리아 철도 타고 가면 어떨지? 정식 개통 전 1등석 체험!

올크, 스파시바!!

1896년 8월 14일,
민영환 일행은 상트페테르부르크를 떠나
시베리아 철도를 통한 귀국길에 오른다.
(윤치호는 프랑스行)

1등석 침대칸
기차 여행은 정말 럭셔리~

으악!!! ㅅ@$ㅂ$B!!!!!
철로가 바이칼 호수까지만
깔려 있잖아!!!!

연해주를 통과해 1896년 10월 21일, 귀국한다.

굽씨의 오만잡상

황제의 삼촌 세르게이 알렉산드로비치 대공은 한 개인으로 본다면 정말 매력이 철철 넘쳐흐르는 사람이었습니다. 여러 언어에 능통했는데, 특히 이탈리아어와 그 문예에 매우 탁월했습니다. 그림도 잘 그리고 플루트 연주도 잘하고 자국 문학에 대한 식견도 높아 톨스토이, 도스토옙스키와 개인적으로 교류하기도 했습니다. 군 복무 시절에는 러투전쟁에 참전해 기병대의 일원으로 정찰 임무를 수행하며 적과 직접 총격전을 벌이기도 했다지요. 이 만화에서는 빌런인 양 사악하게 그려놨지만, 실제로는 당대 유럽 최고 미남으로 손꼽히는 외모에 날씬하고 큰 키로 연예인 아우라를 뿜뿜하는 알파남이었습니다. 스스로도 스타일을 가꾸는 데 꽤나 공을 들이는 타입으로, 커프스나 넥타이핀, 시계, 단추 장식 같은 소품들뿐 아니라 양손에 여러 개의 반지를 주렁주렁 끼고 다녔답니다. 보석에 대해서도 꽤나 애호가 깊었다지요. 그러다 보니 세르게이 대공의 게이설은 당대부터 이미 파다했는데, 남창들과 엮인 스캔들에 대한 찌라시가 돌곤 했습니다. 미인으로 소문난 아내 엘리자베트 대공비와의 사이에서 끝까지 아이가 생기지 않은 것도 그 때문이라 여겨졌지요.

뭐 여러모로 매력적이고 훌륭한 황숙처럼 보이지만, 사실 정치적인 부분에서는 민주·진보 세력과 사회주의자들에 대한 탄압을 주도하고, 모스크바에서 유대인 2만 명을 추방하는 등 수구파로 악명이 높았던 인물이지요. 니콜라이 2세를 다룬 매체들에서는 보통 황제의 치세 초기, 조카인 황제에게 강력한 영향력을 행사해 정치 개혁을 가로막고 반동적 공안 정국을 조성한 빌런으로 묘사됩니다. 그렇게 원한을 쌓은 대공은 결국 1905년 사회주의자들의 폭탄 테러로 마차와 함께 폭사하고 맙니다. 그 유해는 완전히 산산조각 나 흩어졌으니, 반지가 끼워진 손가락 조각 하나가 인근 건물 옥상에서 발견되었다지요.

유람천하

1896년 7월, 런던.

변기 커버도 갈고, 새 디퓨저도 따고, 으어;

駐영 청 공사 공조원

아니, 뭐라고 이리 오버하신대요.

중당(이홍장) 각하께서 차르 대관식 참석 마치시고 유럽 싹 돌아보시는 일정으로 오고 계시다고!!!

수행 비서단과 개인 요리사까지 달고.

죽기 전에 서양 한번 둘러보는 게 소원이었제.

콩알 다이아몬드 수백 개를 박아 넣은 명품이라오~

모스크바에서는 차르에게 특수 제작된 훈장도 받고.

…만주 철도 이권에 대한 감사 표시인가…

186

모스크바에 온 조선 사절단도 만났는데~

원, 양국 관계가 뜻하지 않게 끊겼지만, 이제 다시 만국공례에 따라 수교하고 공사를 교환하길 원합니다요~

조선인들은 이홍장에게 예의를 갖춰 인사를 올렸지만.

큿, 조선인들은 청을 버리고 이제 다 일본이나 러시아에 붙은 모양인데, 뭘 굳이 친한 척이신지.

김홍집 총리가 그나마 사람이었는데 왜 죽인 거요?

쌀쌀맞게 박대.

하: '늙은 당나귀처럼 성질 고약한 노인네'였다.

세계 최강 독일 국방 상품 쭉쭉 질러서 다음에는 더 잘해보세요!

1896년 6월, 독일로 간 이홍장은 카이저의 환대를 받고 군대도 사열.

아아, "저 독일군 10개 대대만 있었어도 청일전쟁을 그르치지 않았을 것!!"

뢴트겐 박사

일본에서 맞은 총알이 저리 박혀 있었구나!!

1년 전에 개발된 X-ray도 체험.

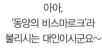

아아, '동양의 비스마르크'라 불리시는 대인이시군요~

그리고 특별히 은퇴한 비스마르크를 찾아가는 일정을 갖는다.

부끄러운 말씀이십니다; 각하를 '서양의 이홍장'이라고 부르는 사람은 없잖습니까…

개혁 수행을 위해서는 황제의 신임이 중요…

…황제가 다른 사람의 영향을 받아서…

물러난 老재상들의 깊은 이야기가 이어지고.

…대인…
그럼 부디…

각하의 90세 생신에 다시 와서 축하드릴 수 있기를…

독일 방문을 마친 이홍장은 네덜란드로.

백발 동양 노인은 손금 같은 거 잘 보신다던데.

빌헬미나 여왕

음, 폐하 명줄은— 데미 무어, 최양락 태어나는 것까지 보시겠습니다.

그다음 벨기에를 거치고.

원, 이번에 카카오 농사가 잘되어서 초콜렛이 맛납니다~

레오폴드 2세

아, 예; 근데 웬 피 냄새가;;

1896년 7월 14일, 파리 입경.

국경일 퍼레이드 참관.

비브~ 라 프랑스!!

B브라 프랑스!!

무슨 국경일이길래 이리 거한 축제일까요.

펠릭스 포르 대통령
(복상사까지 앞으로 2년)

8월 1일, 프랑스를 떠난 이홍장은 −

1896년 8월 2일,
런던 도착.

아이고, 대업에
노고 크십니다~

노고는 개뿔!!
혈세로 호화 해외여행,
VIP 의전 이어지는
이런 천하 호강에…

아니, 아니, 이게 그냥
한가로운 여행이 아니라네.
엄연하게 중대한 비즈니스
출장이라고.

그렇고
말굽쇼~!

일단 첫 번째 임무 :
러청 비밀조약 체결

이건 지난 회차에
얘기한 거고.

두 번째 임무 :
유럽에서의 대출 상담

저, 대출 좀
알아보러 왔는데요;;

용도는?

전쟁배상금
갚아야 해서…

시모노세키조약과 이후 요동 반환으로
책정된 청일전쟁 배상금 2억 3천만 냥에 대해–

청일 양국 모두
은본위제 하니까
은화로 갚는 걸로 ㅇㅋ?

음…

ㄴㄴ!
앞으로는 금본위제 시대!

이 배상금, 금으로 받아서
이를 준비금 삼아
금본위제로 가야 한다!

일본은
금화 납부를 강요.

다음 총리 마쓰가타 마사요시

그 2억 3천만 냥, 파운드 금화로 환산해서
3791만 8381파운드(금 약 277.6톤) 내놔라.

1898년 5월 전까지 갚으면 무이자,
그 이후로는 연리 5%.

다 갚을 때까지 위해위를
담보로 잡아놓음.
(위해위 주둔 비용도
너네가 내고.)

으어어어;;;

흠…

그렇게 된고로,
부디 유럽 나으리들이
금화를 대출해주지 않으시면
아주 곤란해지게 되었습니다;;

미국은 직전의
금융공황으로
죽을 뻔해서
낄 여유 없음.

그리하여 결국

1895년 7월,
프랑스-러시아
컨소시엄에서
배상금의 30%를.

1896년 3월과 1898년 2월
두 차례에 걸쳐
HSBC, 도이치방크에서
배상금의 70%를.

러블은 25년 납,
연리 4%.

요즘 세상에
고정 금리라니
참 혜자죠.

영독은
연리 4.5%.

그리고 이 대출의 담보로는
청 해관의 관세 수입 설정.

헉;; 헉....

청나라 재정의 마지막 목숨줄인 관세를
이 4개국이 쥐게 되었으니.

어허, 원리금
상환이
연체되는데~

그리 목숨줄을 쥔 4개국은 이후
이를 알뜰히 이용해 온갖 이권과 땅을
청에서 뜯어낼 수 있게 된 것.

관세 좀
건드려볼까~

아이고, 나으리,
땅이든, 리튬 광산이든
다 뜯어 가십시오~!
제발 관세만은;;

그런 어려운 여건을
감안한 세 번째 임무 :
관세율 인상

빚도 빨리 갚고,
국내 산업 보호도 하기 위해
관세율을 현행 5%에서
10%로 올려도 될지요?

불·독·러 3국은
조건부 동의.

○○, 우리는 일단 동의.
근데 영국이 동의해야
가능한 거임.

영국만 동의하면
관세율 인상이
이뤄질 것인데—

아, 쏘리.
그건 무리데스.

· · ·

영국 총리 솔즈베리 후작　　　관세율 인상 임무 실패

대신 귀여운 빅토리아
십자훈장 1등장을
드리겠습니다~

이 만화
1권에 나온 여왕님이
아직도 여왕님이시군요;

이홍장에게
외국인 최초로
빅토리아 십자훈장
1등장 수여.

그리고 미국에서
논할 네 번째 임무 :
중국인 배척법 항의

거, 중국 이민자 완전
금지하는 법이라니,
좀 너무하지 않습니까?

클리블랜드 대통령

그건 뭐
어쩔 수가 없네요.

입법부는 여론의 영향을
크게 받는지라…

대륙횡단철도 공사와 골드러시로
대량의 중국인 노동자들이
몰려온 이후, 미국에는 차이나 포비아
광풍이 불어닥쳤으니.

중국인 외노자들이
미국인들의 일자리를
빼앗는다!!!

중국인들의
바퀴벌레 같은 번식력 때문에
100년 내로 미국은
중국의 미합중성이 된다!

이에 미 의회는 1880년대부터
일련의 중국인 배척법을 입법.

참깨 고 홈.

1890년대에 이르러서는
중국인 노동자의
미국 이민이
거의 완전히 봉쇄된다.

이는 중국에 심각하게 받아들여져
과거 시험 논제로 '미국의 중국인 배척법에
대한 중국의 대응 방안'이 출제될 정도.

음… 미국 이민성을
해킹한다…

아, 진짜, 이민자의 나라 미국이
특정국 이민을 이리 배척하다니!
트럼프가 재선되어봐야
정신을 차리겠소이까?

이홍장은 미국에서 중국인 배척법을 까는
언론 인터뷰도 열심히 하고.

일단 뭐, 간단하게
요기 좀 하실까요.

오~
굿 스멜~

이홍장을 따라
(오며 유럽 최고 요리사들과
대결해 차례로
다 발라버리고)
온 수행 요리사가
미국 손님들을 위해
내놓은 요리.

잡탕 요리
찹수이
데뷔!

찹수이!
함 찹숴봐!!

杂碎

(그냥 미국 화교 사회에서
자연스레 생겨났다는 것이 정설)

이후 찹수이는 미국식 중화요리의
대표 메뉴로 서민들의 간단한
요깃거리가 되었습니다.

중화요리는
배척 안 해도
될 것 같군요.

1896년 10월,
이홍장은 밴쿠버를 통해
귀국길에 오른다.

중국인 배척법을
강력히 주도하며 중국인
탄압에 나선 캘리포니아에
대한 항의의 의미로 그곳 대신
캐나다 밴쿠버를 택했죠.

CALIFORNIA REPUBLIC

응, 뎀 1도
안 들어오죠~

뭐, 암튼 그렇게
런던을 떠난
VIP는 미국을 거쳐
무사히 고국으로…

그리고 곧이어
역적놈이
런던 입갤!!

으어;
이홍장이 먼저
한바탕 쓸고
지나갔구나;;

1896년 9월 23일,
손문 in 런던

손문(30세)

제15장

손 Rising

신미양요가 있었던 1871년.

마카오 바로 윗동네,
광동성 민종 마을의
손씨네 장남이 하와이로
돈 벌러 떠난다.

광저우

민종

홍콩

마카오

하와와~
하와이
와요~

손미(17세)

그리고 뼈 빠지게 일해서
6년 만에 호놀룰루에서
소, 돼지를 크게 사육하는
목장주로 성공하죠!

호롤룰룰룰룰룰룰루

그리고 1878년,
열두 살 어린 동생을
하와이로 부른다.

문아!
좋은 머리로
와서 공부해라!

형님!
알로하!

손문(12세)

우와! 서양인이
선생님이라니!!

손문은 하와이의 미션스쿨에서
영어와 서양 학문을 배우게 되고.

이게 내 백인의
짐이란다.

그렇게 접한 서양 근대
맛보기에 손문은 크게 감탄.

이게 과학이고,
합리고,
경세치용이고,
양뽕이구나!!

근데 그런 양놈들이
옛날 종교인 기독교를
열심히 믿는 건 왜일까요.

1883년, 고향에 돌아온 손문은
마을 사당의 현천상제 신상을
때려 부수는 걸로 근대성을 표출.

이딴 미신에 사로잡혀
있으니 중국이 아직도
요 꼬라지인 겁니다!!

죽마고우인
육호동과 함께.

손문은
마을 사람들의 분노를 피해
홍콩으로 유학.

홍콩에서
중등교육을 마친 손문은
홍콩 의과대학에 진학.

청불전쟁이 시작된 1884년,
프랑스 함대 입항에 반대하는
홍콩 노동자들의 집단행동에
손문은 깊은 감명을 받는다.

202

저 민중의 에너지를
우리가 진정한 구국의
길로 이끌어야지!!

혁명!!
혁명!!

홍콩에서 손문은
혁명 동지가 될
친구들을 두루 사귀고.

양학령 진소백 우열 정사량

다음 단체 사진이
역적들 모가지 단체
효수 사진은 아니겠지;

운동권 선배에게
위험한 사상도
주입받고.

세계사 발전의 흐름에 발맞춰,
중국도 이제 민주공화의
길로 가야 한다네!

타는 목마름으로
불러야겠군요!!

보인문사 회장
영어교사 양구운

1892년, 손문은 홍콩 의대를
수석으로 졸업.

졸업생 총 2명 중에
수석이지만.

마카오에서 개업해
돈을 쓸어 담아주겠어!

어찌어찌 마카오와
고향에 의원을 차리고
순조롭게 의사 생활을 이어간다.

…이건 봉건 구습의
똥이 막힌 병일세!

…선생님은
정치병이고요…

나라를 구하기 위한 처방전을
조정에 올려 개혁의 기회가
있을지 타진해보리라.

1894년, 손문은
개혁 건의서를 작성.

농공상의 개혁과
근대화를 위한
인재 등용!

1894년 6월, 이홍장을
만나러 톈진으로 올라간다.

세계와 시대를 아는
이홍장 각하라면 이 건의서를
받고 나를 만나주겠지!

하, 천하 비책을
투고하는 경세가 지망생들만
모아도 2개 사단은
만들 수 있겠다…

청일전쟁을 앞두고 있던
이홍장은 광둥 듣보
애송이를 만나주지 않았고.

건의서도
읽씹.

크악!!
만주 황실의 늙은 머슴에게
무슨 기대를 하리오!!

만청에
더 이상의 희망은 없다!!
청조는 모 다메다!!

청조에 대한 희망을 버린 손문은
다시 하와이로 건너가고.

이제는 정말
레짐 체인지뿐이야.

1894년 11월 24일,
호놀룰루에서
흥중회 창립!

형 손미의
지원과

만청 토멸!!
민국 창건!!

다시 흥할
중화를 위하여!!

사탕수수 농장주
등음남의 지원이
있었다.

등음남은 홍문
간부기도 했으니―

한족의 명나라가 망하고
만주족의 청나라가 들어선 이래

중국 민중 감정의
수면 아래에서는
언제나 반청복명의
기류가 흐르고 있었고.

홍타이지
개객기 해봐.

이러한 움직임은 비밀결사화되어
뒷세계에 은거해왔다.

천지회, 삼합회,
소도회, 삼점회 등등이
모두 이 비밀결사를 일컫는 말이고.

뒷세계다 보니
뭔가 마피아스럽게
된 부분도 있고…

이즈음, 이를 통틀어
홍문이라 자칭했지요.

드디어
반청복명의
때가 왔다!!

천지회- 홍문은
태평천국의 발흥 때, 대거
그 흐름에 베팅했고.

아, #%@$
사이비는 역시
믿는 게 아녀…

응, 아냐.

태평천국의 패망으로 홍문은
그 역량이 크게 꺾이긴 했지만.

1890년대에도
여전히 논두렁 프리메이슨으로
중국 민중의 뒷세계에서
큰 맥을 이어오고 있었다.

중국인들이 비밀결사 놀이
참 좋아하지요…

서양 쩐다!! 저게 진짜 문명이지!!

다른 한편에서는 근대화의 흐름을 타고 손문 형제처럼 근대 지식인, 부르주아로 성장한 신흥 엘리트 계층이 대두하기 시작했으니.

서양의 모든 걸 다 따라가야 해!! 기예도! 체제도! 그림체도!

논두렁 뒷세계 민초

소 닭 보듯…

일견 매우 이질적인 두 기류인데.

홍문   반청복명

서양 물 먹은 도심 부르주아

신흥 엘리트   서구화 민주화

닭 소 보듯…

아니, 결국 이 두 기류는 같은 목적을 공유한다! 하나로 결합된 혁명운동이 될 수 있습니다!!

오?

손문은 이 두 기류의 콜라보를 통해 혁명운동 사조의 한 물꼬를 틀었으니.

서구화 민주 혁명

반청

이렇게 시대정신을 리드해 내놓는 이를 지도자라 하지.

반면에 구체제의 낡은 기류들은
점차 가파른 내리막으로 향하고 있었다.

만주 황실

유림 향신

아니, 중화 역사상
천하의 향배는 언제나
우리 선비들의 붓끝에서
나왔다니까요!

시대의 기류들이라…
거, 재밌는 이야기군요…

軍閥

아무튼 그리 흥중회를 만들고
바로 혁명의 실천에 돌입!

청일전쟁 패전으로
청조가 비틀거리고
민심 곱창난 이 시점이
최적의 타이밍이다!!

흥중회 창립 직후인 1895년 3월부터
손문은 동지들과 함께 광저우에서
봉기 준비에 돌입.

갑자기?!

홍콩의 태평천국 잔당
홍문 형제들도
돕겠소이다.

지역 홍문 조직과 손잡고 광동성
각지에 흥중회 지부 설립.

홍콩 홍문 수장 홍전복

우왁!?
그 홍수전
조카 등장!!

208

이 시점에 손문의 불알친구
육호동이 청천백일기를
디자인.

혁명의 깃발은
이걸로 하자고!

하지만 거사일인 1896년 10월 26일을 앞두고
무기 배송을 위탁한 도드 양행에서
거사 정보가 새어 나갔다고 하고.

아, 글쎄, 뭔
모험주의자들이
흉한 짓을 벌이려는
낌새가…

아, 진짜요?

마카오와 홍콩 등에서 고용한
용역 수천 명은 제대로 이동하지 못했고.

광저우

홍콩

마카오

어, 음, 무기가
왜 안 오지?

괜히 맨손으로
광저우 갔다가
죽 되는 거 아닌가;;

학; 관병이
바리케이드
치고 있다;;

텄다;; 텄어;;

ㅌㅌ''''

어차피 일당도
제대로 못 받았음.

일이 어그러지고 광동성 당국의
포승줄이 좁혀옴에 따라
흥중회 일당은 흩어져 도주.

음; 첫트는
과학인가;;

도주하지 못한 육호동, 주전귀 등의
동지들은 체포되어 처형당한다.

쿳. 호동이,
자네의 깃발이
향후 영세토록 대륙
전역에 나부끼게 하겠네.

1차 광저우 기의의 실패 후
손문은 홍콩과 일본, 하와이를 거쳐
1896년 9월, 캔틀리 교수의
초청으로 런던行.

영국에서 뭔가 껀덕지가
생길 수도 있지 않을까나…

런던 다리가 무너져요~♬
무너져요~ 무너져요~♪

…저놈 맞음?

XO소스 냄새
쩌는 거 보니
맞는 듯.

1896년 10월 1일,
손문은 의대 시절 은사
캔틀리 교수 댁 방문.

런던
데번셔街 42번지

청조의 압력으로 홍콩에서도
추방당했는데, 어떻게
영국 정부 윗선에 컨택해서
추방을 풀 방도 없을까요;;

…그리 위험한
정치 모험 관두고
런던에서 의학 공부
더 이어가면 어떻겠니.

손문은 인근의
청 공사관을 개의치 않고
수차례에 걸쳐
캔틀리 교수 댁을 드나들었고.

But, 청 공사관에서는 이미 손문의 사진까지 받아놓고 그 행적을 예의주시 中.

광저우에서 역모 꾸몄던 혁명당 수괴 손문 맞습니다.

駐英 청 공사 공조원

혁명당 수괴라는 놈이 저리 조심성이 없어서야… ㅉㅉ

1896년 10월 11일, 청 공사관 앞을 지나가던 손문을 직원들이 공사관으로 납치.

읍~! 읍~!

거, 나라 망신 시키지 말고 조용히 갑시다. 손선생.

아니, 런던 한복판에서 이런 짓 벌이고 조용히 넘어갈 수 있을 줄 아수깡?!

뭐라는겨. 자네 광동어밖에 못 하남? 전국구 인물이 되려면 북경어 좀 배워두라고.

골방에 감금된
손문은—

청 공사관에 갇혀
있다는 걸 교수님께
알려야;;

도움을 청하는
쪽지 투척!

하지만 중정 안쪽으로
난 창문이라서
쪽지는 공사관
경내에 떨어진다.

손문의 처지를 동정한
공사관 가정부가 쪽지를
캔틀리 교수에게 전달.

아오; 어쩐지
이럴 거 같더라;;

일단 경찰에 신고 ㄱㄱ;
경시청 윗선에도 청원.

214

사립 탐정을 고용해 청 공사관에서 손문을 빼돌리지 못하게 감시하고 탐문으로 증거도 수집한다.

이 사건의 이름은 '동방명주의 모험'이 어떨까.

그리고 언론에 이를 제보, 《타임스》와 《글로브》에서 헤드라인 기사로 내보내 공론화.

중국 공사관이 런던 한복판에서 중국 혁명가 손씨를 납치해 감금 중이랍니다!!

'손'이 납치 당했다고?!

그래서 요즘 잘 안 보였던 거구먼.

이에 영국 정부는 청 공사관에 강력 항의한다.

그 친구 당장 풀어주지 않으면 청 공사관 싹 다 추방일 줄 아시오.

총리 겸 외무상 솔즈베리 후작

어으;;

결국 1896년 10월 23일,
손문은 납치 12일 만에
풀려난다.

이 사건으로 손문은 단번에 국제적 유명 인사가 되고,
글로벌 화교 사회에서 비상한 입지를 얻게 된다.

제16장

The
Independent

혁명가들은
조국을 떠나기도 하고,
세월이 지나 조국으로
돌아오기도 한다.

정동 Russia 공사관의
King을 만나러…

실로 11years 만의
알현인 것이다.

서재필(32세)
Philip Jaisohn

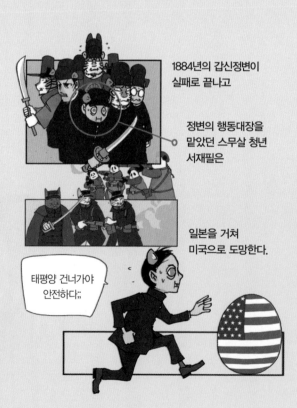

1884년의 갑신정변이
실패로 끝나고

정변의 행동대장을
맡았던 스무살 청년
서재필은

일본을 거쳐
미국으로 도망한다.

태평양 건너가야
안전하다;;

마찬가지로
미국行을 택한 서광범처럼
서재필도 온갖 막노동으로
생계를 이어가고.

코리안 보이,
Palli~ Palli~!!

전단지 돌리기부터
뒷간 청소까지 안 해본
일이 없다;;

미국 유학 중이던 윤치호에게
작은 도움을 받기도 하고.

조선에 남은
우리 가족들은…

……

연좌제로 엮인 서재필의
친아버지는 옥사.
처와 두 살 난 자식은 동반 자결.
양부모집, 외갓집도 풍비박산.

크악!! 미친 헬조선!
폭정과 야만의 지옥!
조선 쪽으로는
오줌도 안 눈다!!

과로와 마음고생에 시달리던
서재필은 YMCA에서 도움을 얻고
열심히 신앙생활.

주님, 아합 왕 같은
우리 임금 천벌 좀…

오, 독실한
코리안 청년.

고등학교,
대학교 진학해서
공부하고 선교사가 되어
조선에 돌아가는 거야.
ㅇㅋ?

교회 인맥을 통해 석탄 부호
홀렌백의 후원을 얻게 된다.

야; 근데
저 조선 돌아가면
목 날아가는데요;;

해리힐맨 고등학교에
진학해 우수한 성적으로 졸업.

조선 선비의
공부력을 발휘할
때가 왔다!!

컬럼비안
의대 입학 성공!

후원이 종료되어서
각종 알바와
문방구 경영으로
돈을 벌며 공부했다!!

1890년, **미국 시민권 취득!**
1893년, 의대 졸업 후
의사 면허 취득!

조선인 서재필은 없다!!
American, **Philip Jaisohn**이다!!

1894년,
워싱턴 유력 가문의 딸인
뮤리얼 암스트롱과 결혼.

조선에서
청일전쟁이
터졌다는데요;

알 바
No예요~

개업도 하고,
모교 강단에도 서고,
세균학 연구원으로도
일하며 바쁘게 산다.

저 선생이
코리아에서
혁명가였다던데.

○○, 사람도
죽여봤다.

이윽고 조선에서의 정세 변화에 따라
서울발 메시지들이 서재필에게
전해지기 시작하고.

경복궁이 일본군에 털리고,
정권이 바뀌고,
갑신파 복권인가…

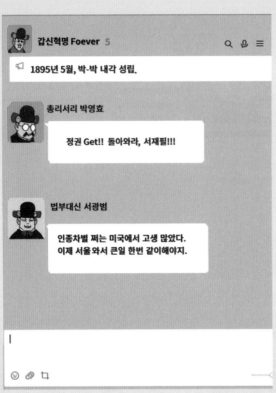

1895년 10월,
을미사변 발발.

1895년 11월,
서재필 조선行.

1895년 12월 25일,
서재필 입국.

유길준 김홍집

월급 300원의
중추원 고문 감투!
(총리 월급과 동급)

하지만 이 4차 김홍집 내각은
1달 반 만에 아관파천으로 멸망.

헉::

이게
조선이었지;;

그래도 뒤이은 박정양 내각은
서재필 고용을 승계한다.

동포 청년이 신문 프로젝트를
계속 진행해주게.
돈은 나라에서 다
대줄 테니.

Oh,
땡큐, sir.

근데 그 예산 4천 원 결재 받으려면
일단 폐하 알현해서 비위 좀
맞춰드려야겠네.

서재필 부부에게
서울 장안의
관심 집중.

갑신년 역적이
미국인이 되어서
홈 커밍!!

조선놈이
미국인 색시를
얻다니;;

Do u remember?
11years 만입니다,
sire.

통역
윤치호

영어??

이제까지 근대화를 이끌겠노라던
정파들의 행보를 보자면—

갑신정변으로
근대화 혁명!!

갑오경장으로
제도적 근대화!!

갑신파고, 갑오파고 결국
민중의 이해와 지지를 얻지 못한 채
고립되어 멸망했다.

뭐라는겨,
외적 앞잡이
역적놈들이.

으어어,
백성이 개객기;;

이제 여기서
교훈을 얻어—

정동파 정권의 근대화는
우선 백성 계몽과 지지를
다지는 부분부터 시작한다!!

신문 좀
보고 사시오들!!

이것이 세계고!
저것이 문명이오!!

미개한 한문
거르고!
100%
순한글 신문!!

그렇게 100% 조선 정부 출자로
1896년 4월 7일,
《독립신문》 창간!!

학부의 학무국장
이상재가
참여하고.

20세의 배재학당
졸업생 주시경이
경리, 에디터, 기자로.

배재학당 교사
헐버트가 영문판
에디터로.

주 3회 4페이지 발행.
1면은 논설, 공지.
2면은 관보, 잡보, 외신.
3면은 물가, 배 시간표, 광고 등.
4면은 영문판 《The Indipendent》.

만화도 좀
실어줘요

장국밥 한 그릇이 5~6전 하던
시절에 《독립신문》 1부는
1전이라는 착한 가격이었던지라
폭발적인 인기를 끌었지요.

이 1전이라는 가격은 사실 적자 보고 내는 가격인지라 초기에는 정부의 보조금에 크게 의존했음;

나중에는 가격 2전으로 올리고 막 3천 부씩 찍어내는 등 크게 흥하게 됩니다.

각 지방의 장날에는 단상에서 《독립신문》 최신호를 크게 읽어주는 전기수가 있었지요.

So, 1전짜리 신문 1부당 독자수는 실질적으로 약 200명 정도였을 거라고.

그리 국가의 지원으로 탄생한 《독립신문》은 국가의 입장을 대변해 일본의 《한성신보》 한글판과 언론 전쟁을 벌이기도 하고.

임금이 러시아 공사관에 숨다니! 쪽팔려서 어쩌나?!

그게 어느 미친놈들 칼부림 때문일까요?!

우리 조선도 열심히
문명개화하고 발전하면
서구 열강의 반열에
오를 수 있다!!

《독립신문》의 근대 만국공법
글로벌 논조는―

사회진화!!

누구도 상처받지 않는
문명 세계의 완성이다!

이를 위해서는 저 미개한
중화 유교 컬트의 영향권에서
벗어나는 것이 급선무!!

청일전쟁도 처발린
저 찐따 중화,
사대주의 탈출은
지능순!!

그런 의미에서 1년 전에 헐어버린
저 영은문 자리에
우리의 결의를 상징하는
오브제를 설치하면 어떨까요?!

청나라 사신이 올 때
맞이하던 영은문.

迎恩門
(은혜를 맞이하는 문)

그 자리에 Gate of Indipendent!! 독립문을 세웁시다!!

오오오!!! 테이크 마이 머니!!

《독립신문》을 통해 진행된 독립문 건립 캠페인에 수많은 유력 인사가 호응.

이에 독립문 건립 추진 단체 **독립협회**가 창설되었으니.

회장에 경무사 안경수.

정부의 정동파 최고위급 인사들이 줄줄이 참여.

중추원 1등의관 김가진.

군부대신, 외부대신 이완용 형제.

오경석의 아들 오세창.

학무국장 이상재는 조금 직위가 후달리는 듯;;

이 나라 붕당 역사의 최종 진화!!

모호한 정동파의 급진 주류가 **독립협회**라는 실체로 명확하게 조직화된 것!

ㅎㅎ…

갑신파가 무너지고,
갑오파가 바스라진 게임판에
이제 정동파 급진 그룹이
홀로 서서 승리 선언인가?

아니, 이제는 정식 명칭
'독립협회'인가?

정동파의 래디컬 무리는
이제 '독립협회'로
정리되었고…

그런데 이 나라 400년 붕당사에서
최종 승자는 항상 임금이어야
한다는 규칙은
숙지했을까요?~ㅎ

이제 독립협회 무리와
확실히 구분되는 과인의
'근왕파'가 그 규칙을
뼈에 새겨줄 것이니라.

이재순　　이범진　　이용익

제 17 장

환궁

ㅎㅎ~ 아관파천 도운
충신 정동파 친구들의
독립협회,
아주 훌륭해요~

자, 독립문
건축 후원 금일봉.

성은이
망극하옵니다~

대군주 폐하 만세~!

독립협회가 개화 인사들 다
끌어모으고, 여론 주도하고,
양놈들과 연결되어 있으니,
일단은 친한 척해야지…

뭣보다 일단은 러시아
공사관에 찌그러져 있는
과인의 처지가 쪽팔려서
움직이기 좀 그렇다…

하지만 곧 화려하게
전제 왕권으로 컴백하실
기반을 닦아놔야 합니다.

궁내부 고문
르장드르
(수구파)

그 첫번째
Key는 —

First Key: 군軍

1896년 10월,
러시아 대관식에 갔던
민영환이 러시아 군사 고문,
교관들을 데리고 귀국.

10명의 러시아 교관이
1천여 명의 엄선된 자원 훈련 개시.

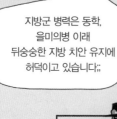

지방군 병력은 동학, 을미의병 이래 뒤숭숭한 지방 치안 유지에 허덕이고 있습니다;;

아, 을미의병 해산 어명 내려왔다고요!!

아관파천 후 어명에 의해 대부분의 을미의병은 해산했으나 일부는 계속 무장 할거 中.

왜놈들 다 잡아 죽이기 전까지는 아니다!

이제 러시아 교관들이 양성한 최정예 시위대 1070명이 과인의 든든한 방패이자 왕권의 망치가 되어줄 것.

신설 시위대

Meanwhile, 아관파천 직후부터 임금 환궁에 대한 상소가 밀려들었는데.

궁으로 Come back home!

임금이 남의 공사관에 더부살이라니!!!

쪽팔려서 못 살겠사옵니다!

○○, 적당한 시기에 환궁할 거임.

왕권 회복의 두 번째 Key─

Second Key: 궁 宮

물론 3번이나 털린 허벌 경복궁으로 환궁하진 않을 거고…

아빠맨이 만든 것치고 성한 물건이 없지.

북촌 한옥 마을

경복궁

경희궁

교보 문고

미국 공사관

러시아 공사관

영국 공사관

영풍 문고

보신각

피맛골

프랑스 공사관

경운궁

롯데 백화점

서대문

명동

일본 공사관

작아서 수비하기 쉽고 서양 공사관들의 가호를 받을 수 있는 경운궁으로!

이를 위해 왕비의 신위와 영정부터 경운궁에 먼저 안치.

아니, 전각 2채 밖에 없는 이 땅콩만 한 궁으로 진짜 이사 간다고?!;;

237 제17장_헌궁

○○, 러시아 공사관에 있는 동안 수시로 경운궁 오가며 인테리어도 하고, 행사도 치르고 다 준비해놨음.

최종적으로 훈련 중인 시위대 병력을 경운궁과 그 주변에 싹 다 말뚝 박아 안전을 확보.

기왕 말뚝 근무 설 거면 방 많은 경복궁이 좋은데…

신세 많이 졌소이다~

1897년 2월 20일, 아관파천 1년 만에 환궁.

비밀 통로 파놨으니 종종 놀러오세요~

하, 러시아놈들 눈치밥 보느라 먹기 빡셌다. Home 스위트 홈~

이제 쪽팔림 없이 정치 전면에 나서실 수 있겠사옵니다~

이를 위해 근간 빠른 개혁으로 혼란해진 법제 정비부터 시작해보시죠~

음, 의정 대감.
법제 정비 위원회를 꾸려서
어명이 직통 하달되는
시스템을 좀
마련해보시오.

명
받들겠사옵니다~

의정
김병시
(안동 김씨)

(내각과 총리대신 직함명을
영의정·좌의정·우의정을 합쳐
의정으로 바꿈)

…그리 폐하의 뜻을
충실히 받드는 법제를…

1897년 3월, 대신들과
외국인 고문들을 위원으로
법제 정비 위원회– 교전소 소집.

근데 이 'Law'라는 게
Global standard에 맞는 근본을
갖춰야 하지 않겠습니까?

모름지기
Law를 만드는 입법부가 있어야 하고,
그 입법부는 명망 있는 Gentlemen이 모여
구성하는 것이 Global standard.

중추원이 입법부 Role에 적당하다고
생각합니다.

이, 입법부?!

외국인 위원 서재필

여기서
삼권분립,
의회 설립
야망을??!

좌르르륵

샷다 내립니다;;

놀란 정부 상층부에 의해
교전소는 바로 운행 중지.

하, 수구 꼰대들이
문명 사회 System에
쫄았구먼.

저;; 너무 대놓고
속마음을 까 보인 거
아닐는지?

뭐! 어차피 I'm
갑신년 역적인데,
거리낄 게 뭐겠소!

프랑스에서
돌아온 윤치호.

이를 관철시키려면
역시 필요하다,
Power!

아니, 쿠데타는
이제 제발 그만 좀;;

쿠데타가 아니라!
민중의 Power!!
Power of 데모크라시를
만들어야제!!

배제학당의
young man들이
그 맹아를 훌륭히
피워내고 있다오!

이것저것
규탄한다!!

배제학당
토론 동아리 협성회 회장
이승만(22세)

이승만이 이끄는
협성회의 토론,
연설회가 크게 흥한다.

신흥우(14세)
이완용 장남
이승구(28세)

1897년 여름,
독립협회 회관인 독립관은
토론회의 열기로
달아오르고.

민영환까지 독립협회의
후원 랭커가 된다.

Empire of Dai Han

원래 청일전쟁 터지고
청과의 관계가 단절되며
일본과 갑오파 신정권은
임금에게 칭제를 권했었다.

이제 중국 눈치 볼
필요 없으니
황제 하시죠.

-라는 건 일본의 전쟁
명분 맞춰주기인데,
넙죽 받을 수 없지.

하여 일단 '황제'는
사양하고 '대군주'로 닉변.

정찰 좀
나가주시옵소서~
폐하~

대군주든 황제든,

일본을 등에 업은 저
갑오파, 갑신파 녀석들이
갑오개혁이랍시고 임금의 권력을
축소하는 짓거리를 벌이는데,
군주 호칭 따위가 뭔 의미겠누.

내각이
국정을
캐리한다!

왕실은
궁내부로
문의하세요~

244

—라고 깝죽대던 저
친일 역적놈들은
아관파천으로 대충 정리.

정동파, 근왕파가
폐하를 보위하겠습니다~!

그리고 정동파는 이제
'독립협회'라는 세련된
정치결사로 재정립!

......

이제 독립협회가
조선 정치 근대화,
입헌 군주제 도입을
캐리한다!!

…그런 짓은
우리 신성한 왕토
조선 땅에서는
있을 수 없어!!

근왕파가
수구파가 되부렀어?!

이 근왕파(a.k.a 수구파)는
딱히 이념적으로나
인맥적으로나 어떤 동질성,
균질성을 지닌 무리는 아니고.

단지 임금의 뜻을
받드는 데 전력하는
돌쇠들이랄까요.

김병시   이범진   이재순   이용익   홍종우

근왕파 정권 의정(총리)인
김병시는 증기선 도입,
단발령 등등에 다 반대한
찐 수구 반동이 맞고.

저런 병시;;

여흥 민씨
잔당들도
포함되고.

아니야!!!
난 빼줘요!!!

민영소 민병석 민종묵

민영환은
독립협회
라인을 탄다.

그 밖에 조병s.

조병식 조병세 조병철 조병호

前 고부 군수
조병갑도 어찌어찌
판사 감투 하나
얻어 썼어요~

조병갑

갑오개혁 놀음하며 정부를
'내각'이라고 하던 것도
다시 전통대로 '의정부'로
환원합니다~

1896년 6월.

물론 이름만 환원한 건 아니고,
내각에 의해 축소되었던 임금의
개입과 친람이 복구, 강화되었다.

내각

의정부

뭐, 이름만
환원하는 거니
안심하라고들.

그놈들은 싸가지 없이
임금 맘대로 감투,
돈 못 주무르게
하려고 했지.

1897년 상반기 들어 군대와 궁, 충실한 왕권 보위 세력인 근왕파까지…

강력한 왕권을 회복해 휘두를 조건들이 다 갖춰졌다.

대외적인 여건을 보자면 청은 완전히 조선에서 떨어져 나갔고, 일본의 정치적 영향력도 대폭 감소.

이제 진짜 자주 독립국 느낌!!

이 시점이야말로 백성에게 강력한 왕권에 기반한 새로운 국가 비전을 선포하기 적당한 타이밍이 아닌가!

우리 폐하께 실로 천명이 있도다!!

임오군란!
감신정변!
동학란!
경복궁 함락!
을미사변!
아관파천

뭣보다…
트라우마만
가득 채워온
지난 15년여…

못난 놈!!

나라
말아먹은 놈!

크악!!!
저 수치와 굴욕들을
개쩌는 업적으로
상계해버리겠다!!

왕조 500년, 그 어느 임금도
해내지 못한 업적!!

열성조께선 보고 계시오이까!!!
이 몸이 제위에 오르겠나이다!!!

황제 등극

환궁 직후부터 칭제 군불 때기가 진행되고.

1897년 5월부터
칭제 촉구 상소가
쏟아져 올라오기 시작.

쥬신제국
만세!!

내 황제 폐하가
되어줄래~♬

I'm only a
heartbeat away♬

제4의 로마,
서울!

아니,
'황제'라는 건 중화의 지배자—
천자를 뜻하는 칭호 아닌감;;
우리랑은 딱히 상관없지;;

여론은
찬반양론으로 갈리고.

워, 그 중화에
황제가 한 번에
한 명만 있어야 한다는
법은 없지요.

하하, 오랑캐들의
참람함이 망령되기
그지없구나～

신성로마제국은
망했지만,
황제의 정통성은
그래도 우리가…

서양에서 황제란
그 근본을 로마 황제에
두고 있는데—

오스트리아 황제가
이미 있음에도,

독일에서 '카이저'
제위를 사용하고 있고.

오스만제국과 러시아제국도
공히 콘스탄티노플을 근본으로
각기 황제를 칭하고 있습니다.

솔직히 러시아놈들은
그냥 갖다 붙인
어거지지;;

어, 용신의 자손이라는 근본인데.

또한 동양에서 베트남과 일본이 황제를 자칭함에 무슨 근본을 따져볼 바가 있겠습니까.

아, 그냥 황제가 아니라 하늘의 황제 천황이라고!

가깝게는 브라질이 무근본 개뜬금 칭제건원을 행했지만, 딱히 태클 거는 이가 없었습니다.

아, 땅 넓으면 제국이지, 뭐!

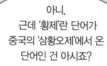

아니, 근데 '황제'란 단어가 중국의 '삼황오제'에서 온 단어인 건 아시죠?

그리고 삼황오제는 중국인이고.

에이, 양놈들도 로마 사람 아니어도 다 카이저, 엠페러 쓰고 있더만요.

그리고 이미 '황제'라는 단어는 'Emperor'에 대응하는 보통명사로 쓰이고 있을 뿐.

중국의 Emperor는— 皇帝

Huángdì '후앙띠'~

한국의 Emperor는— ㅎㅘㅇㅈㅔ

Hwangje '황제'~

대충~ 그냥 왕보다 좀 더 있어 보이는 킹왕짱 임금을 뜻하는 칭호인 게 현실이라고요.

자, 그러니 조선 임금도 칭제해 우리 모두 For the Emperor!!!

뭐, 이런저런 여러 의견이 나오는데, 결국 느낌적으로는 말해보자면…

윤치호

그냥 쪽팔린다고!!!

이 하꼬짝에서 뭔 황제 놀음이여!!!

구독자 50따리 유튜버가 멤버십 여는 소리 하고 있았네!!!!

워워, 쪽팔린 게 뭐 대수란 말이오.

모두가 자존자대하는 내셔널리즘의 시대에.

칭제 청원 상소문 작성자 장지연

그리고 이렇게 좀 오버해야 하는 경우도 있는 법이니…

드르렁

반 천 년의 잠에 취한 이 나라가

이제야 겨우 느즈막히 일어나 바깥 세상으로 기어 나오는데

으어;

꺼흙; 무리다;;

털썩

세상은 이미 저 멀리 앞서가고 있고

달려 따라잡을 힘이 나지 않아 주저앉게 되는 이때에―

크악!!!!!
할 수 있다!!!
난 누구?!!!?
제국 조선!!!
황제국이다!!!

오버스러운 기합 한번 내질러야
할 때가 있는 법.

이게 그 기합이 아니겠소.

1897년 10월 12일

조선 대군주 이형,
광무제로 황제 즉위.

우리나라 우리 황제
황천이 도우사~!

For the
Emperor!

국호는 '대한'!
'대한제국'이라 한다!

삼한이 한데로
이루어진
대한이니라.

大韓帝國

…양놈들에게 중국과 연관된
오해(Han-漢)가 없게 하려면
늘상 부연 설명해야겠군요…

서양인들은 칭제, 제국에 대해 냉소적으로 감상.

Empire of Dai Han 이라 불러주세요~!

1코페이카 값어치도 없는 간판 같이일세.

1897년 9월, 러시아 공사 교체.

임금과 친했던 베베르는 멕시코 공사行.

신임 러시아 공사 시페이에르는 조선 임금의 품성을 하찮게 평가하는 사람이었고.

불쌍한 우리 조선 임금님 잘 부탁해요~

마음에 상처가 많은 분이에요. ㅠㅠ

아, 예, 나도 10년 넘게 겪어봐서 어떤 인간인지 잘 알아요.

마음의 상처 반 이상은 자해한 거던데.

교주만 점령

서기 3세기, 마한 지역이 백제의
지배하에 놓이게 되고.

쿳, 서울놈들
따까리로
살 순 없제.

백제의 지배를 거부하고 고향을 떠난
일군의 마한인이 있었으니.

이들은 일본과 캄차카반도,
알류산열도와 알래스카를 거쳐
캘리포니아에 정착.

세탁소 사업을 하며
지역 원주민, 서양 이주민들과 교류.

작금에 이르러서는
완전히 미국인이 되어
그들의 뿌리는 성씨에만
흔적으로 남아 있게 된다.

Mr. 마한?

그 일족에 **알프레드 마한**이라 하는
똑똑한 친구가 있었으니.

아, 어쩐지 침대에
신발 신고 못
눕겠더니만…

미 해군대학 교수 마한 대령은 1890년
《해양력이 역사에 미치는 영향》을 출간.

바다를 지배하는 자가
그 시대를
지배한다!!

역시
《아쿠아맨 2》가
유일한 희망인가.

로마제국의 번영은
지중해를 호수 삼은
해양력에서 나온 것이고!

당신의
바다가 있소?

대서양과 인도양을 지배하는
영국이 그 해양력을 통해 일군
거대한 제국의 번영은
우리 시대에 확인할 수 있다!

LOL
브리타니아!!

이를 뒷받침하기 위해
그 책 페이지의 많은 부분이
18세기 영국이 유럽 국가들을
해군력으로 혼내준 사례들로
채워져 있다.

해군은 통상로의 보호를 위해 존재하는데.

그 운용을 위해 통상로의 요충지들에 지원 기지들을 박아놔야 한다.

함이 석탄으로 굴러가는 오늘날에는 더더욱 요소요소의 저탄소 운용이 중요하죠.

이 강력한 해군 건설은 기술과 물량, 이를 추진할 정치적 리더십에 달려 있는 것이니!

함대 결전의 그날까지!!! 만국의 제독들이여! 건함하라!!

우리는 해양력에 대해 너무 몰랐습니다!!

정말 위대합니다. 선생!

마한의 해양력 이론은 열강 모든 해군 관계자들의 마음을 사로잡았고.

이후 이어지는
각국 건함 경쟁의
이론적 배경이 된다.

특히 후발 대륙국가인
독일에서 해양력 이론에
심취한 이가 있었으니.

아아!! 오늘부터
우리는 모두
마하니스트다!!

독일 해군 사령관
티르피츠 제독

티르피츠는 해군성 비용으로
마한의 저서 8천 부를 번역
출판해 독일 전역에 뿌리며
마한 영업에 몰두.

大해군을 건설해
독일도 세계제국으로
진화해야 합니다!!

취향
저격인데?

그렇게 카이저도 해양력 이론에 포섭당하고.

아니, 전통의 땅개국 독일이
갑자기 뭔 대함대 운운이여;;

돈 처들여서 함대 열심히 만들어봤자,
어차피 영국 해군 따라잡지도 못할 거고,
이길 가능성도 없는 게 사실이잖소?!

○○, 솔직히 말하자면
영국 해군 따라잡지 못할 거고,
이기지도 못하겠지요.

언젠가 영국 해군과 독일 해군이
사생결단 내야 할 날이 올 경우,

독일 해군은 죽더라도
영국 해군에 복구 불가능할
정도의 피해는 남길 수 있을 것.

그리된다면
해군의 힘으로 지탱해온
세계제국 영국은
붕괴하게 될 것이고.

그 틈을 타 미국이나 러시아 같은
덩치들이 세계 천하 해양 패권을
가로채게 될 것.

독일아!
당케 쉔!

...

이성적인 영국인들이
그런 어리석은 선택을
할 리 없으니-

열심히 해군 만든
노력이 가상하니,
독일의 정당한 몫을
인정해주겠어요.

위협이 될 정도의
해군력을 갖춘 독일이
식민지 뷔페에서 정당한
몫을 챙기는 걸 양해해주겠죠.

CHINA

이것이 티르피츠의
〈위험성 이론〉
-잃을 게 많은 놈은
위험을 감수하지 않는다.

그렇게 해양력 이론과
위험성 이론에 기반!
독일제국을 세계제국으로 이끌
대해군 건설을 시작합니다!!

Kaiserliche Marine

그렇게 1890년대 중반,
독일 건함 운동의 막이 오른다.

자, 이제 그러면 부의 원천인 통상로― 동양 항로를 관리할 거점 기지가 동양에 하나 있어야겠는데…

현재 독일 동양함대는 홍콩의 부두를 월세 내며 쓰고 있어서 서럽다.

이미 20년 전부터 선배들이 점찍어놓은 천혜의 요항! 교주만! 칭다오!!

베이징
톈진
뤼순
위해위
서울
칭다오
상하이
나가사키

이곳이 독일 해군의 동양 거점이 될 것이다!!

칭다오! 먹어보자!! 아, 빨리 좀!!

먹으면 좋긴 하겠는데; 어떻게 먹지? 무턱대고 먹었다가 러·영·불 등등이 합심해서 다구리치는 거 아녀?

외무장관
베른하르트 폰 뷜로

훗훗, 외교적 여건 조성에 따라 얼마든지 얘기가 달라질 수 있지요.

야, 좀 자제해라!!

그만 처먹어!!

찐따 동양 원숭이가 눈치 없이 크게 한 접시 뜯어먹으려는 경우, 모두가 제지하는 거고.

삼국간섭

;;;;;

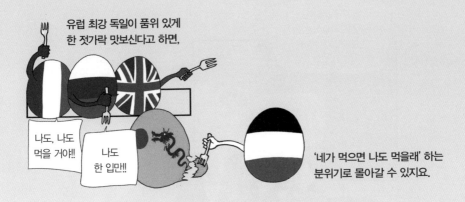

유럽 최강 독일이 품위 있게
한 젓가락 맛보신다고 하면,

나도, 나도
먹을 거야!!

나도
한 입만!!

'네가 먹으면 나도 먹을래' 하는
분위기로 몰아갈 수 있지요.

그렇게 슬슬 칭다오를 주시하며
중국에 대한 압박을 넣어가는데.

지난번 그 청일전쟁 배상금
대출하신 거, 원리금 상환이
좀 늦어지시는데요~

아, 뭔가
착오가;

아무래도 담보로
어디 부동산 한 곳
잡아놔야 할 것
같은데~

에엑?

얼키!?

으악?!

펑

타이밍 좋게
사건이 하나 터졌으니.

1897년 11월 1일,
독일 선교사들이 산동성
허쩌(조주) 지역
교회 방문.

수호지 배경이
이 동네라지요?

헨레 신부 니스 신부

이 교회를 지역 소도회
일당이 야간에 습격해
두 신부가 피살된다.

지역 유지들의
개종에 대한
경고다!!

컥; 역시
양산박의 고장;;

독일 동양함대는 곧바로 얼씨구나 출동.

디데리히스 제독이
이끄는 3척의 함선이
11월 13일에
칭다오 입항.

예전부터 독일이 점찍어놨던
곳이라 독일인들이 많이
들어와 있던 마을이지요.

264

11월 14일 새벽,
육전대가 칭다오 시내에 상륙.

1시간 만에
읍성과 화약고 점거.

얌전히
꺼져드림;;

중국 관병은 독일 측 권고대로
칭다오 밖으로 퇴거.

그렇게 칭다오
무혈 점령!

이 동네 물맛
좀 좋은 듯?

선교사 살해 책임 추궁과
차관 담보물 설정이라는
투 트랙으로 교주만 점거 실현!

큿;
저딴 양아치들한테
돈 빌리는 게
아니었는데;;

일단 러시아, 영국 쪽에
헬프 쳐봅시다.

265 제19장_교주만 점령

제 2 0 장

The Game
of 황해

러시아의 품으로 들어온 조선을 놓고,
1897년 후반 현재 러시아는 이런저런
알박기 작업을 진행 中.

부산 절영도
조차해주세요~

군사 교관에 이어
재정 고문도
보내드립니다~

재정 고문
알렉세이에프

한러은행을 설립해
제대로 재정, 금융 정책을
시작해보라쇼~!

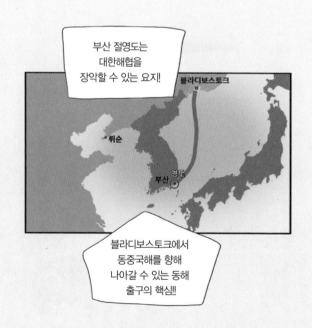

부산 절영도는
대한해협을
장악할 수 있는 요지!!

블라디보스토크에서
동중국해를 향해
나아갈 수 있는 동해
출구의 핵심!!

그렇게 시베리아 철도 완공 후, 블라디보스토크는 대한해협을 통해 동중국해와 연결될 수 있는 것이다!

재무상 비테

러청밀약을 통해 러시아의 우방 지역이 된 열린 만주!

러시아의 보호국이나 마찬가지인 조선!

블라디보스토크

영도

동중국해

이리 안정적인 여건 위에서 시베리아 철도를 통한 물류 연결은 블라디보스토크를 지나 아시아-태평양 시장 전체로 뻗어 나갈 것!!

그 와중에 베를린에서 선톡.

흠, 근데 저, 잠깐 이쪽에도 흥미로운 껀수가 있는데요~

음?

힘차게 달려라! 시베리아 999~♪

독일 외무상 뷜로　　　**러시아 외무상 무라비요프**

아니, 그, 뤼순과 절영도 양쪽 라인 다 먹으면 좋잖슴?;;

탑, 미드 양쪽 라인 다 먹으면 이득 아니냐는 개소리와 동급이죠!!

양쪽에 다 거점 만들고 라인 깔 재정적·군사적 여유가 있겠냐?!!!

더구나, 동해·황해 양손의 떡을 먹겠다는 걸 영국이 그냥 보고만 있을까!!

조선도 뤼순도 원래 내 꺼였드아아아~!

조선에 대한 집착과 삼국간섭의 원한에 눈 뒤집힌 일본의 칼빵을 굳이 감내하고 싶으쇼?!

大러시아제국이 섬 원숭이 무섭다고 몸을 사린다면 좀 쪽팔린 일 아닐까요?

원숭이한테 물리면 공수병 걸림. ㅇㅇ

거, 만주에 거점 기지 좀 박아봅시다.

외무성과 육군은 뤼순 점거 찬성.

뤼순은 우리 함대로 지키기에 너무 불리한 구석진 위치인데요;

재무성과 해군은 뤼순 점거 반대.

쿳, 영명하신 폐하께서 현명한 판단을…

음…

만주 벌판 달려라! 광개토차르!!!

…만주 땅에는 뭔놈의 귀신이 저리 많이 붙어 있는 것인가…

독일의 칭다오 점령 한 달 후인 1897년 12월,
러시아 동양 함대가 뤼순 입항, 점거.

도와달랬더니만, 딴 데를 털어버리냐!?

아, 이게 러시아식 도움입니다.

베이징

톈진

뤼순

위해위

칭다오

서울

상하이

으음;;
독일, 러시아가
양아치짓을 공모한
모양인데…

…독일, 러시아를 동시에
꾸짖긴 어렵겠죠,
외삼촌?

**수상 겸 외무상
솔즈베리 후작**
(와병 中)

**재무상
벨푸어**

독일, 러시아가 양아치 연대로
스크럼을 짜고 있다면 이를
묶어서 다루는 건 어리석은 일.

저것들 예전에 사이
틀어지지 않았었나?

ㅋㅋㅋ
가로줄
삼색기 연대~!

뭔가 이득이 있다면
구남친, 구여친도 잠시
손잡을 때가 있는
법이죠~

…결국 갈라치기 해서
한쪽만 꾸짖는 게
상책이다.

학;

그 한 놈은 당연히
그레이트 게임의
제1 가상 적국
러시아고.

한 놈만
팬다.

더구나 황해의 뤼순,
동해의 절영도– 양손에
떡을 들고 있는 꼬라지는
독일의 칭다오 따위보다
훨씬 심각한 문제!

274

40년간 청 해관을 다스려온 영국의 로버트 하트.

마침 조선에서 영국인 총세무사가 지원을 요청하고 있음.

조선 해관의 총세무사도 1893년 하트가 꽂은 영국인 브라운.

조선 총세무사 겸 재정 고문 존 맥닐리 브라운

청일전쟁으로 청–조선 관계는 끊어졌지만, 조선 해관은 여전히 하트의 컨트롤하에 놓여 있죠.

아, 그런데 1897년 10월에 러시아인이 와서 재정 고문 자리를 채감.

이제 조선 재정 문제는 러시아에서 맡으려고요~

어어; 이거 조선 경제의 러시아 종속;;

뤼순의 러시아 함대 견제하고, 조선의 재정 고문 문제도 압박하고.

이에 1897년 12월 29일, 영국 동양함대가 인천 입항.

메, 메리 크리스마스 Mr…

그리고… 일본아…
사실 네가 제일
열받아야 하는 거
아니니?

······

다…

당연히
개빡치지요!!!!!

망할 푸틴 조상
ㅅ끼들 같으니라고!!

ㅎㅎ;; ㅈㅅ… ㅋㅋ!!

삼국간섭으로
요동 토해내게 하더니만,
그 요동의 핵심 뤼순을
지가 처먹어?!?!?!?

우리가 조선에
바른 침이 몇 리터인데,
아관파천 한 방으로
조선도 호로록!?!

고꼬마데다.

뭣보다, 부산 절영도에 러시아 기지를
박는다는 건, 진짜 완전히 일본의
한반도 접근 차단선을 치는 거잖슴?!

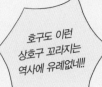

호구도 이런
상호구 꼬라지는
역사에 유례없네!!!

일본 조야가 들끓고.

NTRussia은
못 참지!!!!

대러 개전!!!

This means
WAR!!!

○○!!
정부도 더는 좌시하지 않겠소이다!
일단 위해위에 병력 증파하고!

대마도에 함대 배치!!
대한해협 봉쇄도
가능하다!!

3차 이토 내각.

1897년 12월 말,
부산 앞바다에 일본 함대 집결.

오, 오뎅끼데스까;

오뎅스끼데스.

외무대신
니시 도쿠지로

이거 상황 돌아가는
꼬라지가 좀
꿍기꿍기한데;;;;

베이징
톈진   뤼순
칭다오   웨이웨이
              서울
                  부산(?)
WIS
DOM 극동, 러·독·영·일 대치 위기 고조

음?   …
        반대한다!!

對러 경제 종속
한러은행
설립 반대한다!!

절영도 조차
결사반대!!

러시아 제국주의
침탈 야욕 분쇄하자!

이건 또 뭐여;

1898년 2월, 독립협회의
반러 여론 투쟁 돌입.

굽씨의 오만잡상

영국 총리 솔즈베리 후작, 즉 로버트 개스코인세실의 누나가 벨푸어가에 시집가서 낳은 아들이 아서 제임스 벨푸어. 든든한 집안 배경과 외삼촌 빽으로 벨푸어는 젊어서부터 정계에 진출해 요직을 두루 거쳤고, 이 시기에는 외삼촌의 오른팔로 재무상을 맡고 있었습니다. 고도비만이었던 솔즈베리 후작은 온갖 성인병으로 몸져눕기 일쑤였고, 이에 솔즈베리 후작의 총리 겸 외무상 업무까지 벨푸어가 대행하는 일이 잦았습니다. 황해 위기 정국에서도 벨푸어가 일을 맡긴 합니다만, 일단 솔즈베리 후작의 의중은 독일과 러시아가 칭다오와 뤼순을 먹건 말건 굳이 영국이 황해에 출수할 필요는 없다는 것이었다고 합니다. 어차피 독일과 러시아의 해군력으로는 칭다오와 뤼순을 유의미한 거점으로 만들 수 없을 테고, 따라서 없는 살림 쪼개서 저 머나먼 극동에 낭비하는 꼴이었으니 말입니다. 하지만 당시 영국 언론이 워낙 독일과 러시아의 황해 진출에 호들갑을 떨어 여론이 출수를 강요하는 형국이 되었습니다. 결국 여론의 압박으로 영국은 일본군이 철수하는 위해위를 넘겨받아 기지로 삼아야 했습니다. 위해위는 무역항으로도 군항으로도 딱히 적절한 입지를 갖추지 못해, 영국 통치하에서 크게 개발되지 못했습니다. 영국 식민성은 위해위를 임시 대여지, 한마디로 없는 자식 취급했지요. 이걸 중국에 돌려주는 대신 홍콩 신계의 99년 임대를 영구 할양으로 바꿔보자는 제안도 있었지만 성사되지 않았습니다. 결국 1930년에 위해위를 중국에 반환하고, 북양함대의 옛 기지가 있던 유공도만 10년 임대 계약을 맺어 영국 해군의 작은 기지로 이용했습니다. 그로부터 10년이 지난 1940년 10월 일본군이 유공도에 상륙해 영국의 임대 기간이 끝났다는 공고문을 붙였습니다. 이에 대해 중화민국 정부는 영국과의 임대 계약을 10년 연장했다고 주장했고, 영국은 일본에 유감의 뜻을 밝혔습니다. 어차피 1년 후에 태평양전쟁이 터지는 판국이니, 별 의미 없는 해프닝이었지요.

제 21 장

10k
People

열강이 황해에서
긴장 국면을 높여가는 동안,
독립협회 토론회는
얌전한 주제들로
토론을 이어가고
있었는데…

국민 위생 증진
방안– 손 좀
씻고 살자.

사람들이 바깥세상
물정 좀 알도록
신문 보급률 높여야.

쌀농사만 짓지 말고
채소, 과일 재배로
소득 다각화 추구.

음… 이제 1898년
새해에는 어떤 토론
주제들로 가볼까나…

…이런 주제에 대한
건의가 있는데…

"대한의 토지를
한 치라도
타국(러시아)에
빌려주면 이는
나라의 원수!"

"인간의 혈맥 같은
재정을 남(러시아)에게
의지할 바가 아님"

아니, 이 무슨 급직구요?;;
폐하께서 러빠인데,
러시아와 진행하는 큰 정책들에
이리 태클을 날리자고?!?!

뭐, 맨바닥에
헤딩하자는 건 아니고요,

지금 극동 정세 돌아가는 모양새를 보니
러시아가 슬슬 한발 뺄 기미가
보인다던데…

당신은 미국인이라
모가지 걱정 안 해도 된다지만,
내 모가지는 콩나물 대가리보다
쉽게 떨어진다고!!!

So?

그 타이밍에 반러 운동을 지르면
황제의 노여움도 피하고, 우리 입지를
크게 펌핑할 수 있지 않을는지.

뭐,
당장 지르자는 건
아니고.

일단은 1898년 1월 토론회에서
극동 위기에 대해 살짝 운을 띄우고.

근간 청나라에 각국이 함대를 보내
요항을 차지하고자 겁박하는데,
이웃 된 우리나라 입장에서는
동정이 아니 갈 수 없다.

일단은
러시아와 일본, 영국의
교섭이 어떻게 진행될지
몇 주 더 지켜보자…

그 메인 교섭인 러일 교섭이 도쿄에서 진행 中.

니시상은 언제고
크게 출세할 줄
알았지요.

편하게 러시아말로
진행합시다요~ㅎ

駐일 러시아 공사
로만 로바노비치 로젠

니시 도쿠지로는 러시아에서 학업과 외교관
활동으로 20년을 보낸 일본 최고의 러시아통.

친러파인 니시상이
사정 좀 많이 봐주시리라
기대합니다~ㅎ

초코파이 좀
드셔볼까요.

일단 지금 상황을
간단히 요약하자면–

러시아가 뤼순과 절영도라는
양손의 떡을 한꺼번에
취하려 하고 있고.

이를 두고 영국과 일본이
개수작 말라고 화내고 있는
형국이잖습니까?

양심 좀!!

284

어어…
괜찮을지도?

괜찮긴 개뿔, 그러면
조선은 일본이 냅죽
먹겠지만, 만주를 러시아가
먹을 수 있다는 걸 일본 따위가
어떻게 보장한다는 거야?!

만한 교환론에 대해
상트페테르부르크는 부정적 평가.

이건 그냥 일본이
조선 꿀꺽하려는
수작일 뿐이여.

아무래도 만한 교환론은
좀 선 넘은 이야기 같네요.
우리는 각국의 주권을
소중하게 생각합니다.

하, 그러면 ㅅ#b,
지금 문제 되고 있는
조선 재정 고문을
일본인이 맡으면
어떨지?

그것도 ㄴㄴ.

그렇게 위기를 기회로
러시아와 어떻게
빅딜을 쳐보려던
니시의 구상은 실패.

시프스키야!!
그러면 양손의 떡 중에
하나는 내려놓아라!!

뭐, 결국 떡 하나는 내려놓지 않을 수 없겠는데… 어느 쪽 떡을?

이런 거지 같은 상황 만든 외무성놈들이 알아서 똥 치우고 정리해라. ㅅ#b

뭐… 한국인들은 러시아 없이도 당분간 알아서 흙 퍼먹으며 잘 살겠지.

엥?

에잇~ 한국 쪽 떡은 일단 놓는다~!

아놔; 뤼순한테 지다니;;

흐음…

—라는 모양새로 상황이 정리되고 있는 모양인데.

뤼순은 그 배후에 있는 거대한 만주 경영의 복선이니까…

이제 슬슬 반러 운동 질러도 될 거 같음.

1898년 2월 27일, 독립협회가 외부에 절영도 조차 항의문 발송.

부산 앞바다를 왜 남의 나라에 내주려 하는가!! EXPO 유치 포기냐?!

갑자기?!

항의문 사퇴하세요!

외무대신 민종묵

2월 말에서 3월 초,
신문과 토론회를 통해
절영도 조차와 한러은행
설립에 대한 비판 여론 펌프질.

절영도 땅값이 얼만데
그걸 러시아에 그냥
막 떼 준다고?!!

한러은행이 중앙은행 되면
조선 사람 다 루블화
써야 된단 말인가!!

거 루블화, 이름도
뭔 하꼬 코인
같구먼!

"대한국 토지는 열성조가 가꾸신 크신 업이요,
1천 2백만 인구의 사는 땅이니,
한 자와 한 치라도 다른 나라 사람에게 빌려주면
이는 곧 선왕의 죄인이요,
1천 2백만 동포 형제의 원수로다."

1898년 3월 6일, 독립협회에서
절영도 조차 반대 토론회 개최.

주한 러군 기지
결사반대!!

그리고 이제 그 기세를
한데 모을 미국식
정치 집회를 추진해봅시다.

뭐, 그 트럼프
유세장 같은
느낌으로…?

1898년 3월 10일
종로에서 러시아의 침탈 규탄

만민공동회 개최!

서울 시민 1만 명이
운집하며 대성황.

뭐, 앞에서 설명한
이런저런 요인으로
한국 쪽은 손 놓기로 결정함.

아, 공사도 교체할 거니까
짐 싸도록 하시고.

발해의 고토!
연해주 수복!!

푸틴 죽어라!!

駐한 러시아 공사 시페이에르

하, 이 상황에서
한국 황제가
나님 바짓가랑이 붙잡고
늘어져야 되는 거 아님?!

'저 무뢰배들의 외침이
폐하의 뜻에 부합하는
것인지요?'

시페이에르는 떠나기 전,
경운궁에 메시지를 보냈고.

황제는 읽씹.

응, 나도 너 별로
안 좋아함.

뭐, 국제 정세와
상트페테르부르크의
판단이 그렇다면
어쩔 수 없지…

1898년 3월 19일,
러시아 군사 고문단과 재정 고문 모두 해촉.
이어서 한러은행 폐쇄.

이놈의 나라,
언젠가 반으로
갈라주마.

4월, 러시아 고문단은
시페이에르와 함께
모두 러시아로 돌아간다.

이겼닭!!!
강대국 러시아의 마수를
민중의 힘으로
뿌리쳤다!!!

오늘 저녁은
광희동에서
보르쉬다!!

만민공동회를 주체한
독립협회의 파워 UP!

러시아 끌어들이기는
결국 이렇게 실패인가…

평지풍파 일으킨
독일놈들,

약삭빠른
독립협회놈들…
둘 다 '독' 자
돌림이네.

하지만 러시아에 한반도
중시파들이 곧 다시
득세하겠지…

그러고 보니 이 기간에
부고 알림들이 좀 있었는데;;

하…

굽씨의 오만잡상

사쓰마 번사 니시 도쿠지로는 막말 유신기 구로다 휘하에서 활동하다가 23세에 러시아로 유학, 이후 20년 넘게 대러 외교 및 정보 업무에 종사하게 됩니다. 러시아와 중앙아시아, 시베리아 일대를 직접 발로 뛰며 작성한 보고서가 이후 일본의 대러 전략에 큰 영향을 미치지요. 일본 정부는 한반도 문제에서 니시를 외무대신 삼아 러시아와 교섭에 나섰고, 니시는 만한 교환론이라는 빅딜을 제시했지만 러시아 측은 이를 받아들이지 않았지요. 결국 대충 로젠-니시 협약으로 러시아의 수를 조금 물리고 조선에서 일본의 경제적 지위를 인정받는 정도로 타협하게 되었습니다. 이후 주청 공사를 지내며 의화단 사건도 겪고, 서태후에게 청일 간 차 무역 독점권을 선물받아 큰 부를 누리게 되었다고도 합니다. 남작 작위도 받고 떵가떵가 잘살다 간 이 니시에게는 본인보다 더 유명세를 얻은 아들이 있었으니, 그가 55세의 늦은 나이에 첩에게서 얻은 자식 니시 다케이치입니다. 정실 소생의 두 형이 요절하는 바람에 니시 남작가는 서자인 니시 다케이치가 잇게 되었지요. 사랑 좋은 귀족 한량이었던 니시 다케이치는 승마에 크게 심취해 기병 장교를 직업 삼고 승마 선수로 활약했습니다. 1930년에는 이탈리아에서 거친 성격으로 사람이 탈 수 없었던 말 우라누스를 구입해 끝내 조련에 성공하기도 했는데, 그 말은 오직 니시 다케이치만 탈 수 있었다고 합니다. 1932년 승마 국가 대표로 LA올림픽에 참가한 니시 다케이치는 우라노스와 함께 장애물경마에서 금메달을 획득! 이는 오늘날까지 아시아 국가가 승마 종목에서 딴 유일한 금메달이지요. 그렇게 각종 승마 대회에서 활약한 니시 다케이치는 서구권에 'Baron 니시'로 널리 알려지게 됩니다. 제2차 세계대전이 터지고 기갑 장교로 참전한 니시 다케이치는 결국 이오지마에서 전사합니다. 그가 죽고 일주일 뒤 도쿄 마사공원에 있던 우라노스도 병사해 주인의 뒤를 따랐다고 합니다.

제22장

부고s

1821.1.24
~
1898.2.22

WIS
DOM 흥선대원군 서거

1898년 봄,
황해 위기는 대충 정리되어
수습 국면으로.

먹을 거 먹고, 놓을 거 놓고,
대충 서로
익스큐즈합시다요~!

1898년 3월 6일,
독일과 청나라 간
교주만 99년 조차 조약.

산둥 지역 철도 부설권,
지역 이권도.

지난번에 꿔간
대일 배상금 대출의
담보랄까요.

역시 지난번 대일 배상금
대출금의 담보 성격이고요.

이어서 1898년 3월 27일,
러시아와 청나라 간
뤼순-다렌 25년 조차 조약.

다렌은 모든 나라에
열린 자유항구로
개방합니다~

뭐, 이리 통수를 쳤으니,
지난번 러청밀약은
무효화된 거죠.

1898년 4월 25일, 한반도 문제를 놓고
러시아와 일본 간 로젠–니시 협약 체결.

러일 양국은 한국 독립을 존중.
군사, 재정 고문 파견은 상대국의
승인을 필요로 한다.

만한 교환론은
실패했지만, 뭐 대충
한반도에서 러시아가
한발 빼게 만들었죠.

일단 러일 양국 둘 다
한반도에서 손 떼자는 건가…
뭔가 텐진조약의 데자뷔가…

다만 일본의 상업, 금융 자본이 한국에
이미 깊숙하게 자리 잡았음을 감안해
한국에서 일본의 경제적 우위를 인정.

경제적으로는 빼박
일본 세력권
ㅇㅈ이구나;;

기한은 러시아가
뤼순에서 빠질 때까지.

1898년 5월,
전쟁배상금 완납으로 일본군이
철수한 위해위를 영국이 넘겨받아,
청나라와 영국 간 위해위 조차 조약 체결.

베이징
톈진
뤼순
위해위
칭다오

양쯔강 수역 이권도
다른 나라에 넘기지
말기로 약조하고.

상하이

그리고 이참에 홍콩 위에 신계도 99년 조차 ㄱㄱ!!

신계

이번에 99년 빌리게 된 땅.

구룡
홍콩

1, 2차 아편전쟁으로 할양받은 땅들.

대출국들이 담보랍시고 다 한 입씩 먹는데, 나만 빠질 수 없죠!

1898년 5월 29일, 프랑스와 청나라 간 광저우만(진장) 99년 조차 조약.

물론 지역 철도 부설권도.

광저우

홍콩

하노이

진장

그렇게 대일 배상금 대출 4개국이 모두 한 입씩 뜯어가는 형국에─

열강 다른 놈들은?

아, 저희 미국은 중국에 영토적 욕심 없습니다! 그저 모두에게 열린 프리 차이나를 원할 뿐!

1898년 4월 21일, 미국-스페인 전쟁 발발!

그냥 전쟁 터져서 신경 쓸 겨를이 없는 거겠지!!!

그 다른 열강- 열강의 말석 이탈리아! 급히 오다!!!

웡?

나도! 나도 먹을 거야!!

난징 상하이
닝보
삼문만

닝보 아래, 삼문만 내놔라!!

광저우 홍콩

1899년 2월, 이탈리아 공사가 군함 3척을 몰고 와 삼문만 조차 요구.

어, 조금 뜬금없는데… 어디서 이탈리아 선교사 살해 사건이라도 났남?

아뇨?

뭐, 아무튼 저런 국면이
진행된 1897~1898년,
이런저런 굵직한 부고들이
전해졌다…

러시아를
몰아냈드아아~!!!

독립회

1897년 8월 24일
무쓰 무네미쓰 사망
향년 53세

러시아…

러시아…

러시아…

"참을 수 있는 일은 반드시 참고,
참을 수 없는 일은 절대 참지 마시오…"

똥 마려울 때
말이죠?

그리고 1898년 새해.

오늘, 엄마가 죽었다.
아니, 어쩌면 어제,
모르겠다.

1898년 1월 8일
여흥부대부인 사망
향년 79세

…마리아를 아버지 손에
맡겨드리나이다…

그리고
곧이어―

주상…
주상은…

아직…
오지 않았는가…

1898년 2월 22일
흥선대원군 사망
향년 77세

…그렇게 대원군은 마지막까지
아들을 부르다 가셨습니다.
고인의 명복을 빕니다.

1821.1.24
↑
1898.2.22

WIS
DOM 흥선대원군 서거

하!!!

노친네가 마지막까지
정치질 싸지르고
가네!!!

1821.1.24
↓
1898.2.22

WIS
DOM
흥선대원군 서거

완전히 쌩까서
철저하게
부정해드리리다!!!!

이 나라 역사상 최악의
트롤링으로 기억될 양반이…

나라도 가족도 다 망치고…

나까지 엮여서 진짜 ㅅ#b…

…이어지는 외국의
부고들이 있사옵니다.

1898년 5월 19일
글래드스턴 사망
향년 88세

84세까지 총리직 수행하고
은퇴 4년 후에 죽었다…

돈에 미친 매운맛 자본주의!
군사력 숭앙하며 날뛰는 국수주의!
이것들이
세상을 파멸로 몰아가리니!!

은퇴 후에
입바른 소리들을
많이 남김.

그의 유지를 받들어
작은 정부와 착한 외교,
인권에 기반한 글래드스턴
리버럴리즘이 쭉 이어지지요.

뭐, 여왕과는 평생 사이가
좋지 않았지만, 죽기 직전에
화해의 악수를 했다고도 함.

in der Zwischenzeit,
독일에서는—

각하!! 결국 제가 해냈습니다!!
러시아를 미끼 탱커 삼아
칭다오를 먹었습니다!!!

외무상 뷜로　　　**비스마르크**

더군다나
뤼순과 만주를 통해 러시아의
텐션과 관심을 몽땅 극동으로
쏠리도록 만들었지요!!

이제 앞으로 한 50년,
러시아는 극동에만
집중하고 있을 겁니다!

각하께서
그리 노심초사 고민하던,
유럽을 주목하는 러시아 문제를
한 방에 해결했다는 거죠!!!

저, 곧
제국 재상으로
승진할 듯요~ㅎ

앞으로 전 세계에 걸친
세계제국 독일을 만들어가겠습니다!

그 시대는 이제 뷜로 시대라
불리겠지요?! ㅎ

뭣보다 작금 극동 정세에
큰 영향을 미칠 부고는—

1898년 5월 29일
공친왕 사망
향년 65세

…

…
난죽택이다…

1898년 7월 30일
비스마르크 사망
향년 83세

아이고~
도련님~ ㅠㅠ

독일, 러시아, 영국, 프랑스놈들한테
나라 뜯겨나가는 꼬라지 보다가
복장 터져서 가셨구먼요…

미운 정이니 고운 정이니
어쩌니저쩌니 말들 많지만,
조정을 이끌어가는 재상으로
도련님을 얼마나 크게 의지했는지
알 사람은 다 알 것이오.

· · · · · ·

뭣보다 자금성의
대격변 억제기 역할을 맡던
큼지막한 균형추가
사라짐에 따라…

슬슬 경박한 돌풍의
조짐들이 보이나니…

주요 사건 및 인물

주요 사건

을미사변

새롭게 조선 공사로 부임한 미우라는 행동을 자중해 눈에 띄지 않으려 하면서도 한편으로는 조선 장악을 위한 계획을 착착 진행시킨다. 특히 그는 조선이 일본의 손아귀에서 자꾸 벗어나는 데 왕비의 영향력이 강하게 작용함을 파악하고, 원흉의 물리적 제거라는 대범한 계획을 세운다. 곧 조선에서 활동 중인 조선낭인들, 일본에 우호적인 훈련대 대장인 우범선과 이두황, 숨만 쉬고 있던 대원군을 끌어들인 미우라는 서울 주둔 일본군의 작전 지휘권까지 얻으며 모든 준비를 끝마친다. 거사일을 1895년 10월 10일로 정한 찰나, 10월 6일 고종이 훈련대 해산 조치를 취함에 따라 결행을 이틀 앞당겨 경복궁을 들이친다. 왕비 살해라는 충격적인 계획을 처음 들은 대원군이 합류를 거부하는 바람에 시간이 좀 늦어졌지만, 10월 8일 새벽 일본군과 낭인 집단은 큰 어려움 없이 경복궁을 장악하는 데 성공한다. 그리고 해가 뜨는 5시 30분에서 6시 사이에 왕비를 시해하고야 만다. 왕비의 시신은 곧바로 소각되고, 곧이어 입궐한 미우라는 고종에게 훈련대 해산에 불만을 품은 조선인들의 소행이라 둘러댄다. 이후 4차 김홍집 내각이 출범, 10월 10일 왕비를 폐서인하는 것으로 업무를 시작한다.

아관파천

을미사변이 벌어질 당시 경복궁에는 몇몇 외국인이 있어 곧 참상의 실체가 각국에 알려진다. 아무리 제국주의가 횡행하던 때라지만 한 나라의 궁궐에 쳐들어가 왕비를 살해한 사건은 충격 그 자체였기에 서구 열강의 성토가 이어진다. 그 와중에 경복궁에 반감금 신세로 놓여 있던 고종은 러시아 공사관으로의 파천을 꾀한다. 이에 이범진 등의 신하들과 러시아 공사관이 작전을 기획, 궁녀들이 타는 가마에 고종을 태워 야밤에 빼내기로 한다. 혹시 모를 사태에 대비해 1896년 2월 10일 러시아군 100명이 러시아 공사관에 추가로 배치되고, 2월 11일 새벽 계획대로 가마에 몸을 실은 고종이 경복궁을 벗어나 러시아 공사관으로 들어가는 데 성공한다. 곧 4차 김홍집 내각의 주요 인물들이 대거 숙청당하고, 조선의 정세는 다시 한번 러시아 쪽으로 기운다.

러시아 황제 대관식

아관파천 직후인 1896년 5월 26일 니콜라이 2세의 공식 대관식이 거행되니, 러시아 공사관에 신세 지고 있던 고종은 친히 사절단을 꾸려 보낸다. 어디 조선뿐이랴. 모스크바에서 열린 대관식은 세계 각국에서 보낸 사절단 앞에 러시아의 힘과 영광을 뽐내는 자리가 된다. 이에 차르의 삼촌인 세르게이 대공이 직접 나서 행사를 준비하는데, 모스크바 전역에 수만 개의 전등을 설치하고, 대관식의 전 과정을 다큐멘터리 영화로 기록하는 등 심혈을 기울인다. 아울러 러시아 백성에게 새 차르의 호의를 담은 기념품 수십만 개를 나눠 주니, 여기서 비극이 발생한다. 대관식 나흘 후인 5월 30일 모스크바 교외의 호딘카 들판에서 백성을 위한 연회가 열린다. 머그컵에 금화를 하나씩 넣어 준다는 헛소문을 듣고 한데 몰린 수십만 명의 사람이 울퉁불퉁한 지형 탓에 넘어지며, 1300여 명이 죽는 대규모 압사 사고가 발생하게 된 것. 차르는 곧바로 위문 일정을 준비하지만, 마침 동맹 관계인 프랑스 대사가 심혈을 기울여 준비한 무도회와 일정이 겹친 터라, 무도회를 짧게 방문한 뒤 사망자 유가족들을 위로하러 나선다. 이에 반정부 세력은 무도회 참석을 차르의 부덕함으로 비난, '피의 대관식'이라 부르며 반체제 선전에 적극적으로 활용한다.

칭제건원

1897년 2월 20일 환궁한 고종은 법제 정비 및 통치 시스템을 손본다. 또한 스스로 황제로 등극하고 국호도 대한제국으로 바꾸며 연호를 제정하는 칭제건원을 시도한다. 사실 칭제는 청일전쟁 직후 일본과 친일파가 조선을 장악하며 청과의 관계를 완전히 끊어내라는 뜻에서 요구했던 것이기도 하다. 여하튼 이후 아관파천을 통해 일본의 손아귀에서 벗어났다고 판단한 고종은 왕권을 강화하고 국기(國紀)를 쇄신한다는 목적으로 칭제건원의 군불을 땐다. 결국 10월 12일 대한제국을 국호로 하는 칭제건원이 이뤄진다. 열강의 냉소적 시선과 몇몇 국내 지식인의 '부끄러움은 왜 우리 몫인가' 하는 반응도 있었지만, 근대국가로의 발전을 위한 결의 다지기 정도로 평가받기도 한다. 이 과정에서 정해진 국호 '대한'은 오늘날까지 우리나라의 이름으로 남게 된다.

만민공동회 개최

1897년 11월 14일 독일이 선교사 살해와 대청 차관의 담보 설정을 구실로 칭다오를 점령한다. 이는 당연히 다른 열강을 자극하고, 곧 황해에 긴장감이 고조된다. 특히 조선에 대한 영향력을 키워가던 러시아는 독일의 행보에 동조해 뤼순을 점령하고, 러시아를 견제하던 영국은 인천에 함대를 보낸다. 이때 이미 러시아는 부산 앞바다에 떠 있는 절영도의 조차까지 요구하고 있었고, 한러은행 설립을 통해 한국 재정에 깊이 관여할 계획 또한 짜놓은 상태였다. 이에 수많은 한국인이 공분, 독립협회가 대러 규탄 집회를 기획하니, 1898년 3월 10일 절영도 조차 반대와 한러은행 설립 반대를 주장하는 만민공동회가 열린다. 이와 맞물려 영국과 일본의 압박이 거세지자 러시아는 한국에서의 세 확장을 무르기로 결정, 절영도 조차와 한러은행 설립을 백지화하고 러시아 고문단을 한국에서 철수시킨다. 이 과정을 통해 독립협회는 국내 정치에서 그 존재감을 크게 키우고, 만민공동회가 꾸준히 개최되며 민중의 정치 참여 의식과 행동력을 높여나간다.

주요 인물

미우라 고로 三浦梧楼

조슈번 출신으로 에도 막부 타도와 메이지 유신에 공을 세운 후 군인으로 승승장구한다. 육군 내에서 비주류인 월요회 멤버로서, 1881년 의회 개설과 헌법 제정을 위한 건백서 작성에 참여하기도 한다. 이후에도 육군의 주류인 야마가타벌과 사단제 개편 이슈를 놓고 대립하다가 결국 1886년 월요회가 최종적으로 패배, 미우라는 다른 동료들과 함께 1888년 예편한다. 이후 귀족원 의원이 되기도 하지만, 중앙 정계보다는 주로 재야에서 반(反)번벌계 비주류 인사로 활동한다. 그러던 중 조선 내 친일 세력이 흔들리고 러시아의 영향력이 강해지던 1895년의 위기 상황에서 전권을 보장받은 조선 공사로 부임, 그 직후 을미사변을 일으킨다. 서구 열강이 이를 비난하자 어떻게든 무마하려던 일본 정부에 의해 결국 10월 17일 해임된다. 이후 본국으로 송환되어 재판받는데, 이는 국제 사회를 향한 일본 정부의 면피용 요식 행위에 불과했기에, 사태가 어느 정도 수습된 후 무죄 방면된다. 한일합병 이후 그간의 공을 인정받아 추밀원 고문관으로 추대되고, 반번벌계 원로로 대우받으며 막후에서 정당 간 이합집산을 조정하는 역할을 맡는다.

이도철 李道徹

을미사변 이후 일본과 손잡은 갑오파가 고종을 수중에 넣은 채 정권을 잡는다. 이 4차 김홍집 내각의 기반은 매우 위태로운 것으로, 권력의 전통적인 원천인 임금에게는 물론이고, 왕비 피살에 분노하는 백성에게조차 적대시되고 있었다. 정권의 유지는 일본의 뒷배에만 기댄 것이었는데, 그 일본조차 다른 열강의 눈치를 보느라 한발 뒤로 빠진 형국이었다. 하여 4차 김홍집 내각은 왕비를 복위하고 을미의병 진압을 위해 병력을 전개하는 등 어떻게든 국정을 안정시키고자 노력한다. 한편 일본과 손잡은 4차 김홍집 내각에 불만이 큰 인사들이 고종을 구하기 위해 뜻을 모으니, 그중 한 명이 바로 이도철이다. 미우라와 함께 을미사변을 주도한 우범선, 이두황과 같은 훈련대 대장이었으나, 강직한 성품의 이도철은 근왕의 신념을 지닌 충신이었다. 정동파 인사들과 손잡은 그는 임금을 구출해 외국 공사관으로 모신다는 계획 아래 1895년 11월 28일 새벽 군인들을 이끌고 경복궁으로 향한다. 하지만 이미 계획이 누설된 터라 제대로 담장도 넘지 못한 채 진압당하고 마니, 이를 춘생문 사건이라 한다. 곧바로 체포당한 이도철은 12월 30일 처형당한다.

당경숭 唐景崧

청의 마지막 대만순무, 즉 대만을 다스린 지방장관이다. 대만을 맡기 전인 1882년에는 흑기군의 유영복과 손잡고 베트남 북부에 친청 세력을 구축, 이어지는 청불전쟁에서 프랑스군과 맞서 싸운다. 이후 1894년 대만순무로 임명된다. 그런데 이듬해 4월 17일 청과 일본이 시모노세키조약을 맺으며 대만이 일본에 할양되자, 이에 반발해 5월 25일 대만 민주국의 건국 및 독립을 선언하고, 스스로 대총통의 자리에 오른다. 하지만 바로 그다음 날부터 일본군이 대만 북부의 지룽에 상륙, 타이베이를 향해 진공해온다. 대만 민주국의 병력이 일본군을 막지 못하고 5월 31일에는 타이베이 성내에서 반란까지 일어나자, 6월 6일 당경숭은 대륙으로 야반도주한다. 고향으로 돌아가 정치적 재기를 꾀해보기도 하지만, 이미 평판을 잃었기에 다시 큰일을 맡지 못하고 1903년 사망한다. 죽기 전까지 지역 문예 부흥에 힘써 광서성 고유의 계극(계림 오페라) 양식 정비에 공헌한다.

손문 孫文

1866년 가난한 소작농의 다섯째 아들로 태어난 손문은 아홉 살부터 서당을 드나들다가 1879년 큰형이 있던 하와이로 건너가 서구식 교육을 받으며 근대 문명에 눈뜨게 된다. 이후 홍콩에서 중등교육을 마치고 의과대학에 진학하는데, 1884년 그곳 노동자들이 프랑스 함대 입항을 반대하며 시위하는 모습에 크게 감명받는다. 이후 1892년 홍콩에서 의대를 졸업할 때까지 손문은 자신의 국가 개혁 의지를 새로운 동지와 학문을 통해 점점 구체화한다. 실제로 1894년 '개혁 건의서'를 작성해 이홍장을 찾아가지만, 청일전쟁이 코앞인 급박한 상황인지라 전혀 관심받지 못한다. 이에 크게 실망한 손문은 다시 하와이로 건너가 11월 24일 흥중회를 창립한다. 흥중회는 손문과 같이 조국의 서구화와 민주화를 추구하는 신흥 엘리트들 및 반청복명을 기치로 삼은 민중 비밀결사 홍문이 함께한 단체로, 1895년 3월부터 광저우를 중심으로 봉기를 준비한다. 하지만 정보가 새어나가 거사는 실패하고 주요 멤버들이 잡혀 처형당하고 만다. 급히 몸을 피한 손문은 홍콩과 일본, 하와이를 거쳐 1896년 9월 런던에 자리 잡는다. 하지만 10월 11일 청 공사관 직원들에게 납치당하는데, 우여곡절 끝에 자신의 처지를 은사인 캔틀리 교수에게 알리는 데 성공한다. 캔틀리 교수의 노력으로 이 납치 사건은 청과 영국 사이의 국제 문제로 비화하고, 손문은 납치 12일 만인 10월 23일 풀려난다. 이를 계기로 손문은 국제적 인사로 부상하는데, 무엇보다 전 세계 화교 사회에서 비상한 입지를 얻어 이후 중국 혁명의 지도자로 우뚝 서게 된다.

서재필 徐載弼

서재필은 일찍이 김옥균 등의 급진 개화파와 교류, 개화사상에 심취했다. 18세에 과거에 급제한 그는 일본의 하사관학교에 유학한 후 돌아와 1884년의 갑신정변에 참여한다. 하지만 갑신정변은 3일천하로 막을 내리고, 간신히 일본으로 망명하나 집안은 멸문지화를 당한다. 이후 일본에 있던 1년간 갑신정변의 주역이었는데도 제대로 대접받지 못하자 크게 실망해 다시 미국으로 망명한다. 그곳에서 온갖 궂은일을 전전하다가 어느 독지가의 후원으로 고등교육을 받고 대학에도 진학해 의사가 되어 시민권까지 취득한다. 그러면서 워싱턴 유력 가문의 딸과 결혼해 성공한 이민자의 삶을 살게 된다. 그런데 조선에서 갑신파가 복권되고, 정부가 지속적으로 초빙을 요청함에 따라 귀국을 결심한다. 1895년 12월 25일 입국한 서재필은 국민 계몽을 통한 문명개화를 목표로 이듬해 4월 7일 《독립신문》을 창간한다. 이후 독립문 건립 추진 과정에서 개화 인사들뿐 아니라, 정동파의 급진 세력과 손잡고 1896년 7월 2일 독립협회를 조직한다. 독립협회는 계몽 사업의 일환으로 각종 토론회를 개최하는데, 특히 1898년 3월 10일 열린 만민공동회는 서울 사람들에게 큰 호응을 얻고, 이에 꾸준히 계속되며 정치적으로 큰 영향력을 발휘한다. 하지만 서재필은 수구파와 러시아 측의 반발로 미국으로 돌아가게 된다. 미서전쟁에 군의관으로 참전하기도 한 서재필은 한일합병 후에는 미국에서 독립운동 지원 활동을 이어간다. 1945년 해방 후 잠시 한국에 들르고, 다시 미국으로 돌아가 1951년 사망한다.